沖縄

Okinawa

琉球王国ぶらぶらぁ散歩

おおき・ゆうこう
田名真之

とんぼの本
新潮社

Contents

沖縄 琉球王国ぶらぶらぁ散歩 目次

写真／文 おおき・ゆうこう

写真・具志川グスクより

第一章

Chapter 01

琉球王国のあけぼの

天と地を紅く染め抜き、勢いよく昇る太陽。
このさまを、〝おもろびと〟は「あけもどろの花」と表現した。
「もどろ」とは「しどろもどろ」の「もどろ」で、天と地の境界さえ霞んではっきりしないさま。
黄金色の浮き道にぽつんと頭を出している岩柱が、沖縄の創世神・アマミキョが、
浮き道のはるか東方にあるという理想国「ニライカナイ」からやってきて、
第一歩をしるしたとされる「ヤハラヅカサ」だ。琉球王国の歴史は、ここに始まる。

ヤハラヅカサ
＊南城市玉城字百名
百名ビーチにあるこの地こそ、
沖縄の創世神・アマミキョが
第一歩をしるした聖地だ。

沖縄の創世神

Amamikyo

アマミキヨ

北から南へと延々と続く白い砂浜。眼の前には、青い空と七彩に輝くサンゴ礁の海が果てしなく広がる。寄せては返す潮騒の音を聞きながら、この砂浜に独りたたずんでいると、時の流れが止まったような錯覚をおこす。

ここ百名《ひやくな》ビーチ（南城市《なんじようし》玉城《たまぐすく》 字《あざ》百名《ひやくな》）の波打ち際に一本の碑が建っている。「ヤハラヅカサ」である。沖縄の創世神アマミキヨが大東《うふあがり》の島「東方楽土」から渡ってきて第一歩をしるした海中の岩礁で、それには「ヤハラヅカサ」という文字が刻まれている。

ヤハラヅカサは干潮の時にしか姿を現さず、その時には碑の下部前に設置された香炉石も確認することができる。

海岸から沖のリーフまでのサンゴ礁の海をイノー（礁池）と呼び、ここ、ヤハラヅカサ東方に広がるイノーは数

百名ビーチに建つヤハラヅカサの碑。

キロにも及ぶ。イノーから穏やかな波が静かに打ち寄せる白砂の海岸――沖縄の古謡『おもろさうし』（オモロ）に謡われた、穏やか、和らぎを意味する「ヤハラ」の風景が今も広がっている。

現在でもここは、アマミキヨの渡来を祝う場であるとともに、「東方楽土」への祈りを捧げる遥拝所にもなっており、参拝者が絶えることがない。

伝説によると、ヤハラヅカサに上陸したアマミキヨは、そこから陸（北側）に向かって六十～七十メートルの岩山の麓に位置する洞穴に住んだ。ここが浜川《はまがーう》御嶽《たき》だ。

アマミキヨは、付近から湧出する清水で沐浴し、長い旅の疲れを癒し、身を清めて山ごもりをしていたが、ここは永住するのには向かなかったのか、しばらくして後方のミントン森《むい》（ミン

トングスク）に居を移した。
ミントン森は、ヤハラヅカサあたりからの海風を誘う心地よい場所で、アマミキョはこの森を安住の地とした。

この地にアマミキョの子孫が繁栄して沖縄全域に広がったと伝えられる。

ところで、アマミキョは実在したのだろうか？　アマミキョは独りではなく集団で海を渡ってきたというのが定説になっている。沖縄では今も、アマミキョが創造した数々の遺跡が大切に保存され、崇拝されているのである。

↑ 浜川御嶽《はまがーうたき》

＊南城市玉城字百名
ヤハラヅカサに降り立ったアマミキョは、北側の岩山にまず仮住まいした。湧き水が豊富なことから、浜辺にある泉という意味で「浜川御嶽」と呼ばれたらしい。

↓ ミントングスク

＊南城市玉城字仲村渠
浜川御嶽の後方、標高百十五メートルの小山のあちこちに御嶽が点在しており、山全体が聖域となっている。アマミキョの子孫はここから沖縄全域に広まっていったとされる。

琉球七嶽《りゅうきゅうななたき》

Ryukyu Nanataki

アマミキョ 国造りの軌跡

アマミキョによる国造りのストーリーは、いくつかあるが、琉球王府の琉球開闢《かいびゃく》神話になるとアマミキョの行動がより具体的に描かれる。

その前に琉球王国を知るためのキーワード「御嶽《うたき》」について触れておこう。「御嶽」とは、森《むい》や御願所《うがんじゅ》、グスクなどと呼ばれる聖地の総称。ちなみに森とは、土や石、あるいは樹木が生い茂る、高く盛り上がった地形のことをいう。

御嶽内部のもっとも神聖な場所には、「イビ」という霊石が祀られる。「イビ」――そこには神霊がよりつき、その前には香炉が設置されている。

沖縄においては、祭祀は女性が司るもので、かつては男性が御嶽に足を踏み入れることもできなかった。

琉球王府時代、御嶽はもっぱらノロ（神女）と呼ばれる女性神官によって祀られ、航海安全、五穀豊穣、雨乞いなどの祈願や祭りが行われてきた。

いくたびかの戦火により、沖縄のほとんどのグスクが破壊され廃墟化したが、御嶽は各地に残り、地元の人々やユタ（霊能力者）に守られ、自然そのものを崇めるという沖縄独特の信仰文化を物語る場となっている。

さて、琉球王府初の正史『中山世《ちゅうざんせい》鑑《かん》』（一六五〇）は、アマミキョの国造

← 金剛石林山《こんごうせきりんざん》

＊国頭村字辺戸
辺戸の安須森の脇に聳える。世界最北端の熱帯カルストで、二億年前から風雨に浸食され形成された石灰岩の奇岩奇石の巨大な勇姿は、見る者を圧倒する。

→ 辺戸の安須森《へどのあすむい》

＊国頭村字辺戸
沖縄本島北端に位置し、地元では「あしむい」、「黄金森（くがにむい）」とも呼ばれる。

りの軌跡を次のように語る。
天帝の命《めい》を受けた阿摩美久《あまみく》（アマミキョのこと）は、天から土石草木を給わり島の数をつくった。
まず一番に、国頭《くにがみ》に辺戸《へど》の安須森《あすむい》御嶽をつくる。沖縄本島最北端の御嶽で、そびえる岩肌の三つの峰からなり、右頁写真奥の左端にわずかに突き出て見える峰をシヌクシ嶽、真ん中をアフリ嶽、右をシチャラ嶽と呼び、この三つを総称して「安須森御嶽」という。航海の安全を祈る女神官〈ましらて〉の鎮座する御嶽だ。安須森中央の一番高い峰を「イヘヤ」と呼ぶが、これは「安須森御嶽」には入らない。
三つの拝所のあるシヌクシ嶽に登ってみた。峻険な岩山を登りつめると、壮大な宇宙空間が広がる。東に国頭の連山、西に東シナ海の大海原、南の崖下には宜名真《ぎなま》海岸、そして北には辺戸岬と与論島を眺望することができる。まさに神の鎮座するのにふさわしい御嶽だ。

↑ 今帰仁の金比屋武
なきじんのかなひゃぶ
＊今帰仁村字今泊
世界遺産の一つで、今帰仁グスク内にある御嶽。写真の岩石は、北山最後の王・攀安知（はんあんち）が、城を救わなかった守り神に憤り、宝剣千代金丸で斬りつけたとされる霊石だ。受剣石ともいう。

二番目につくったのが、「今鬼神《なきじん》（今帰仁）の金比屋武《かなひやぶ》」だ。今帰仁《なきじん》グスク主郭跡の北東の隅から北の方へ、石道を少し下りたところに、低い石垣囲いの中にひときわ目立つ霊石が祀られている。この霊石を俗に「天《てん》つぎあまつぎ」と呼んでいる。これが「今帰仁の金比屋武」で、今帰仁グスクの守護として崇められている「イビ加那志《がなし》」（「加那志」は敬称）である。

三番目につくったのが、「知念森《ちねん》（知念グスク）」と「斎場御嶽《せーふあ》」だ。

知念グスクは『おもろさうし』（古謡）に〈ちゑねんもりぐすく〉と謡われ、グスク時代（十二世紀〜十五世紀中期頃）前半に築かれた古いグスクである。

東側のクーグスク（古城）と西側のミーグスク（新城）と呼ばれる二つの郭からなり、ミーグスクに石造アーチ門の正門と裏門が配置されている。

知念グスクから東へ車で十分ぐらい移動したところに、中城《ちゅうじょう》湾と太平洋を見下ろす森がある。ここが、琉球王国時代（第二尚氏王統）最高の聖域といわれる「斎場御嶽」だ。

亜熱帯特有の高木がつくる緑陰の石畳を登ると左手に大庫理《うふぐーい》（大広間の意）が見えてくる。

琉球王国神職最高位の神女・聞得《きこえ》大《おお》君《きみ》の即位儀式「お新下《あらお》り」［96頁］が挙行される拝所で、「大君霊」を継承する。「お新下り」は、国王の冊封《さっぽう》儀式

知念グスク《ちねんぐすく》

＊南城市知念字知念
写真はミーグスクの裏門。城内には低い石垣で囲われた久高島への遥拝所「友利御嶽」がある。

斎場御嶽・三庫理《せーふぁうたき・さんぐーい》

＊南城市知念字久手堅
斎場御嶽は世界遺産の一つで、沖縄随一の聖地とされ、様々な儀式が行われてきた。かつては男子禁制だったが、今は誰でも入ることができる。

に次ぐ、国家的イベント。冊封とは中国皇帝が琉球国中山王（三山時代は南山王、北山王も）に封ずること。

大庫理の岩をぐるりとまわった反対側に「寄満《ゆいんち》」がある。「寄満」とは台所のことで、世界中から交易品などのモノが寄せ満ち溢れるほど豊かな場所という意味とみられる。

石畳の道を戻り、途中左折すると右手に大岩石が姿を現す。大岩石の東側に二つの岩が互いに寄りかかるようにしてできた三角形の奥の拝所が「三庫理《さんぐーい》」だ。

薄暗い三角形の洞門をくぐり抜けると、陽光の射す小さな広間にぶつかる。西側にそそり立つ岩壁の頂きをチョウノハナ（頂の鼻）と呼び、そこから神が岩の壁づたいに下の香炉に降りてくると伝えられる。ちなみに、香炉を数えてみると十五個ある。第二尚氏王統には歴代十五人の聞得大君が君臨した。十五人の聞得大君は、それぞれの香炉を使っていたようだ。東側を向くと久高島への遥拝所が設置され、木々の枝の間からは海上に平らに浮かぶ神々の島・久高《くだか》島を遠望することができる。

大庫理、寄満、三庫理という広間は、いずれも首里城内にもあり、琉球王国の政治、経済を司る表の顔が首里城だとすれば、ここ「斎場御嶽」は国家の繁栄と安寧を支える精神基盤になっていた。

四番目につくったのが「藪薩《やぶさつ》の浦《うら》原《はら》」だ。玉城《たまぐすく》の百名《ひゃくな》ビーチを見下ろす断崖上にある「藪薩の御嶽」は、アマミキヨ以下の祖霊を鎮めるという鎮魂の拝所といわれている。

藪薩《やはし》とは崖葬地を意味し、藪薩の御嶽の崖下、ヤハシバンタ（藪薩崖下）は風葬地域であったと伝えられる。

上の写真は、藪薩の御嶽後方のヤブサツ広場から眺めたイノー（礁池）だ。干潮になると潮干狩りをする人たちが寄せかけ、にぎわいをみせる。

イノーからは、タコ、貝類、小魚などが採れ、イノーがある限り食べるのにこと欠くことがない。そのことからウチナーンチュ（沖縄の人）は、イノーのことを「海の畑」と呼ぶ。

五番目につくったのが、「玉城アマツヅ」（玉城グスク）だ［14頁］。

このグスクは一名アマツヅグスクといわれ、太古アマミキヨが築いたと伝える。一の郭、二の郭、三の郭からなる連郭式のグスクで、一の郭門は自然石を丸くくり貫き、一人しか通れないような形につくられている。丸い城門をくぐると、すぐに拝所に出会う。この拝所が「天つぎあまつぎの御嶽」だ。

太古から続く、この玉城グスクを、首里森《すいむい》（首里グスク）を築く前の王城であったと『島尻《しまじり》郡誌』は説く。

← 藪薩の浦原広場から眺めるイノー

＊南城市玉城字百名
藪薩の浦原前には、青く澄んだイノー（礁池）が広がる。古来、人々は水平線の先にニライカナイを見てきたのだろうか。

←

藪薩の浦原

やぶさつのうらはら

＊南城市玉城字百名

東はヤハラヅカサ、浜川御嶽、西は受水走水（うきんじゅはいんじゅ）［39頁］近くの海岸線を起点として、北方のミントングスクまでの奥行き一キロの地域の総称で、写真はその中にある御嶽。

玉城アマツヅ（玉城グスク）

たまぐすくあまつづ（たまぐすくぐすく）

＊南城市玉城字玉城

城門は、一人しか通れない幅に岩が丸くくり貫かれている。天然の要害に築かれ、別名「アマツヅグスク」とも呼ばれている。城内の「天つぎあまつぎの御嶽」は、雨乞いの御嶽でもある。

琉球七嶽

↑クボウ御嶽

＊南城市知念字久高（久高島）
クボウとはクバ（ビロウ）のこと。周囲にはクバの木が生い茂っているため、その名が付いたようだ。伊敷浜と並んで、久高島では最も神聖視されている御嶽だ。

←首里森御嶽《すいむいうたき》

＊那覇市　首里城公園内
首里城内の下之御庭（しちゃぬうなー）の一角にあり、正殿に入る奉神門の西側に位置する。御嶽にはガジマン、マーニ（クロツグ）などの木が茂る。

六番目につくったのが久高島の「クボウ御嶽」だ。地元では「フボー御嶽」と呼び、島の北側のクバ（ビロウ）の木が生い茂る森にある、「ウプウガミ」といわれる霊地。ウプはウフ（大）のことで、ウガミは「御拝《うがみ》」の意。クボウとはクバの木のことで、神木として知られる。

「クボウ御嶽」は年中行事の中心祭場で、外間《ほかま》ノロが管掌するが、今でも男子禁制の霊場として大切に守られている。ここで何が行われていたのか？ そのことは、たとえ自分の息子から聞かれても、その母親が話すことはない。

最後の七番目につくられたのが「首里森御嶽・真玉森《まだまむい》御嶽」だ。

「首里森御嶽」は国王が城外の寺社に出かけるときに祈りを捧げ、また神女たちが多くの祭祀儀式を執り行なうなど、首里グスクの城内拝所（十ヶ所あるといわれる）の中でも、もっとも神聖な御嶽とされ、グスクの守護神であった。

「真玉森御嶽」も「首里森御嶽」と同じく神聖な御嶽で、首里の高級神女が司祭していた。「首里森御嶽」は一九九七年に復元されたが、「真玉森御嶽」は元の場所がはっきりしないため復元されていない。

「神々の島」への誘い

Kudaka jima

久高島《くだかじま》

数多くの神話に登場する久高島。琉球史の精神世界を彩るほどの霊力を持つ久高島。人々はこの島を「神々の島」と呼ぶ。久高島の存在を抜きにして琉球史を語ることはできない。

久高島は、沖縄本島東部の知念《ちねん》半島の東方海上約五キロメートルに浮かぶ、周囲、七、八キロメートルの小島。知念の安座真《あざま》港から海路二十分ぐらいで久高・徳仁《とくじん》港に着く。一時間もあれば、自転車でゆっくりと島を一周することができる。

特別、高い山や大きな川があるわけでもなく、見るからに変哲もない平らな島なのだ。このような島が、なぜ琉球王国の霊の世界を支配し、琉球の歴史に多大な影響を与えることができたのだろうか。

島の聖地を巡拝する前に、まず久高島の生いたち、由来に触れておこう。

昔、玉城《たまぐすく》郡百名《ひやくな》に白樽《しらたる》という真面目な青年がいた。ある日、白樽は東の海上に浮かぶ一つの小島を見ていた。国内は干戈《かんか》絶えず、戦乱の世に嫌気がさしていた白樽は、妻と共にあの海島に渡ることを決意。夫婦は小舟を出し、海島に向かった。夫婦の着いた海島が久高島だ。

しかし、島には食べ物らしい食べ物がなく、毎日、海辺に出て貝類をとって、日々の暮らしの糧としていた。そこで夫婦共に伊敷泊《いしきばま》（伊敷浜）に出かけ、東方の海（ニライカナイ）に向かい、子孫繁栄、食物豊穣を祈った。

すると、祈りが終わらぬうちに、一つの白壺が寄せくる波に浮いて来た。白樽が海に入り、その壺をとろうとしたが、波間に消えてとることができなかった。

今度は妻が屋久留川《やぐるがー》に出向いて沐浴し、清潔な服に着替えて、再び伊敷浜に行った。服を広げて白壺を待っていると、白壺自ら服の上に寄って来た。

妻は大変よろこび、その壺をとり、開けてみると、麦、粟、小豆など五穀の種子が入っていた。沖縄における麦の始まりである。

白樽にはとることができなかったのに、その妻はなぜ白壺をとることができたのだろうか。妻がしたように、白樽自身がヤグルガーで身を清め、装いを新たにして、あの浜に戻れば、白壺をとることができたのだろうか。

いや、白樽は最初から白壺をとることはできなかった。その理由は、白樽が男だからだ。白樽の妻が、久高島における祈る女「祝女《のろ》」の始まりのようだ。沖縄における祈りは、霊力のある女性が司祭する。

『中山世鑑』の琉球開闢神話に次のような件《くだり》がある。

国のかたちが整ったあと、アマミキヨは天へのぼり人種子《ひとだね》を乞うた。天帝は天帝の御子男女を下賜された。二人は夫婦和合はしなかったが、居る所が並んでいたので、そよふく風を縁にし

→ 伊敷浜
いしきばま
＊南城市知念字久高（久高島）
太平洋に面した島の東海岸中央部（南寄り）に位置し、美しい白浜とイノー（礁池）が広がる。五穀が入った白壺は、この浜に流れ着いた。

て女神が孕み三男二女を生んだ。長男は国王、二男は按司《あじ》、三男は百姓、長女は君々（高級神女）、二女は祝祝（ノロ）の始まりだと。

このように、沖縄の女性のすべてが神なのだ。沖縄で姉妹のことを「オナリ」と呼ぶ。オナリは「兄弟《えけり》」を守護するという役割を担う。この神を「オナリ神」という。

白樽夫婦は五穀の種子を畑に播いた。麦の穂があまりにもりっぱに成長したので、白樽はその麦を国王に献上し、国王は深く喜んだという。後の歴代国王が、隔年の二月、麦穂祭り（ミシキヨマ）に、聞得大君《きこえおおきみ》、司雲上《つかさくもい》ら高級神女を伴い、与那原《よなばる》の浜より久高島に渡り、伊敷浜などを巡拝（久高島参詣）するようになったのは、ここに由来する。白樽夫婦が五穀の種子を播いた畑は、今でも「畑巣《はたす》」として残っている。

時を経て白樽夫婦に一男二女が誕生。長女於戸兼《おとがね》は祝女となり、各嶽の祭祀を司り、長男真仁牛《まにうし》は父の家督を継ぐ。真仁牛の子孫が外間根人《ほかまにーちゅ》（村落の草分けとされる根屋《にーや》の当主）となる。二女思樽《うみたる》も巫女となるが、その美貌が王に見初められ、内宮に入り、王夫人となる。

思樽には、ヒーヒラー（放屁）王夫人という、はずかしい話がある。

思樽夫人があまりの美貌のゆえ、王様の寵愛を一身に受け、ついに妊娠した。妾たちは、これに嫉妬し、無視した。ある日、思樽夫人、誤ってオナラ（放屁）をしてしまった。これを聞いた妾たちは、欣喜雀躍《きんきじゃくやく》し、みんなで嘲り笑った。

思樽夫人は、妾たちの嘲笑にいたたまれず、御前に出るのもはずかしくて、遂に暇を乞い、郷《さと》（久高島）に帰ってしまった。

月満ちて、思樽夫人は、ひとりの男子を産む。名を金松兼《かにまちがね》という。聖主の後胤で、後の英祖王統五代目の西威《せいい》王だ。外間殿《ほかまどうん》西側に建つアシャギ（母屋から離れた小屋）が西威王の産屋といわれる。

さて、久高島が「神々の島」として広く知られるようになったきっかけは、十二年ごとに執り行なわれる秘祭「イザイホー」だ。イザイホーは、久高島で生まれた三十歳（丑《うし》年）から四十一歳（寅《とら》年）までの女性が、祖母のシジ（セジ、霊威）を受け、外間ノロ、久高ノロの両ノロを頂点とする島の祭祀集団に入団する儀式。新たに入団する女性のことを「ナンチュ」という。

イザイホーは、午《うま》年の旧暦十一月十五日から五日間にわたって儀式が繰り広げられるが、ハイライトは初日の「ユクネーガミアシビ」（夕神遊び）だろう。十五日の早朝、ナンチュたちは、祖母の家の香炉から灰を分け、自分の家の新しい香炉に移し、シジの依代となる香炉を引き継ぐ。この「タマガエーヌウプティシジ」の儀式を済ませたその日の夕刻、白衣に洗い髪、素足のナンチュたちが「エーファイ、エーファイ」の掛け声とともに白砂の敷き詰められた祭場にかけ込む。

ナンチュたちは、クバの葉で覆われた神アシャギ入口に木でつくられた七つ橋を、七回繰り返し渡る（七つ橋渡り）。七つ橋はあの世とこの世をつなぐ象徴である。心にやましいことのある女性は、この橋を渡れなかったり、転んだりするという。

七つ橋渡りを終えたナンチュたちは、神アシャギを出て、神アシャギ後方のイザイ山につくられた七つ屋（シジ神すなわち祖霊神たちのいる嶽々の象徴）に三日間籠る。

三日目の朝、「シュツキアシビ」（朱つき遊び）が行われる。ナンチュが祭祀集団の一員になったという認証式で、ナンチュの両頬と額に朱を塗りつける。

五日間も繰り広げられる「イザイホー」という儀式は、一体何を祈っているのだろうか。

かつて、祭りを現地取材した知人の話によると、祭りを側で見ていた老婆が、手を合わせ涙を流しながら「クニザケー、シマザケー」（国も栄えよ、島も栄えよ）と唱えていた。この老婆の唱えた言霊が、イザイホーの本質であろう。

近年、島にナンチュになる年頃の女性が少なくなり、一九七八年を最後にイザイホーは途絶えている。しかし、今でも久高島には数多くの聖所が点在し、太古と現代が交錯する「神々の島」に変わりはない。

↓ヤグルガー

＊南城市知念字久高（久高島）
白樽夫人はこの井泉（かー）で身を清め、五穀を手に入れた。伊敷浜とは反対側の海岸にあり、井泉へ降りる石段が設置されている。

←ハタス（畑巣《はたす》）

＊南城市知念字久高（久高島）
白樽夫妻が五穀の種子を播いたといわれる畑が、このハタスと伝えられる。写真のススキ（カヤ、ゲーンともいう）の種子も白壺の中に入っていた。

↑大里家《おおさとけ》

＊南城市知念字久高（久高島）
島には、数々の伝説の舞台となった大里家の家屋が残っている。第一尚氏の末期、クーデター［70頁］を招いた一因とも言われるノロ、クニチャサもここに住んでいた。

カベールの道

＊南城市知念字久高（久高島）

クバの木が豊かに茂るクボウの森の真ん中を切り割いてつくられた白い道。この道は島の最北端カベール岬に続くが、まるで天空に連なる道のようだ。カベール岬と内陸部はこの道で結ばれ、ニライカナイの神、竜宮神などが往来し、時には白馬に乗って神が天から降りて来て、久高島を守護し大漁や幸をもたらすといわれる。カベールの白い道は、神々の往来する、神の道なのである。

琉球史概説　その一

開闢神話と御嶽

Text by Dana Masayuki
田名真之

神話の原点

琉球の開闢《かいびやく》神話は、首里王府の正史である『中山世鑑《ちゆうざんせいかん》』（一六五〇年、羽地朝秀《はねじちようしゆう》著）や『中山世譜《せいふ》』（一七二五年、蔡温《さいおん》著）、『球陽《きゆうよう》』（一七四五年）などに記されている。開闢神話に登場する琉球七嶽《ななたき》と称される御嶽《うたき》およびその祭祀については、『琉球国由来記』（一七一三年）や『琉球国旧記』（一七三一年）などに見えている。記録の仔細については区々する部分もあるが、まずは羽地朝秀の手になる『中山世鑑』の記述に沿って概観してみよう。

①最初は島造り、国造りである。天帝の命を受けた阿摩美久《あまみく》が天上から土石草木を持ち下りて島を造った。

②ついで国頭辺土《くにがみへど》の安須森《あすむい》→今帰仁《なきじん》のカナヒヤブ→知念《ちねん》の知念森・斎場嶽《せーふあ》・藪薩《やぶさつ》の浦原《うらはら》→玉城《たまぐすく》アマツヾ→久高《くだか》コバウ森→首《す》里《い》森・真玉《まだま》森の順に島々国々の嶽々森々を造った。

③次に人造りである。数万年を経ても人なければ神の威光も顕せないとして、阿摩美久が人種子《ひとだね》を乞うたところ、天帝は御子の男女を下した。陰陽和合はなかったが、風に縁りて女神が懐胎し、三男二女を生んだ。長男は国の主の始め——天孫氏《てんそん》となり、次男は諸侯の始め、三男は百姓の始め、長女は君々《きみぎみ》の始め、次女は祝々《のろのろ》の始めとなった。

④人々の繁盛とともに、神々も登場した。守護の神、陰陽の二神であるキンマモン、天神のヲボツカグラ、海神のギライカナイ、天神のキミテズリなどなどである。

⑤五穀の発祥については、人が繁栄したことから阿摩美久が天に昇って、五穀の種子を天帝からいただき、麦、粟、菽（豆）、黍を久高島に蒔き、稲を知念大川《うつかー》に、ついで玉城ヲケミゾ（受《うき》水《んじゆ》、走水《はいんじゆ》のこと）に植えた、とある。

さてこの『中山世鑑』の記事を受けて蔡温の『中山世譜』などは記されるのであるが、その記述は少なからず変更されている。①と②はセットとなり、内容も変化している。大海原である大荒際から生まれた一男一女の志仁礼久《しねりく》と阿摩弥姑《あまみく》が、土石を運び、草木を植えて海浪を防いで（島を造り）、森嶽を造った。③も人造りの話はなく、人はすでに繁盛していたが、穴倉で暮らしていた。穴から出て民居を定めたのが天帝子で、その天帝子が三男二女を生んだ。長男が天孫氏云々以下は同じである。

④の神々については内容に変化は無いが、神の名が漢字表記となっている。キンマモンが君真物、ヲボツカグラが烏富津加久羅、ギライカナイが儀来河内、キミテズリが君手摩である。⑤は阿摩美久の話は無く、麦、粟、黍が天然に久高島に生じ、稲は知念、玉城に生じた、としている。『球陽』は『中山世譜』を踏襲しており、文字の異同は若干あるが、開闢神話や諸神の出現などほぼ同一の文となっている。

一方『琉球国由来記』は基本的に『中山世鑑』の記事を踏襲しており、①の嶽々については、たとえば斎場御嶽だと、「此斎場嶽、阿摩美久、作給フト也、詳《つまびらか》ニ、中山世鑑ニ見ヘタリ」とあり、阿摩美久の作ったとされる嶽々はその旨注記され、御嶽によっては聖上の行幸や聞得《きこえ》大君《おおきみ》の拝礼、御祈願があるなど公の祭祀について触れている。⑤の五穀発祥と関わる久高島や知念、玉城の旧跡とその由来伝承については『中山世鑑』以上に仔細に記している。『琉球国旧記』の当該部分は『琉球国由来記』を簡略化した上で漢訳しており、内容的に大きな違いはない。

伝承の始まり

『中山世鑑』と『中山世譜』では多く齟齬しているのが分かるが、『中山世譜』は何故に、何に基づいて変更したのだろうか。その種本は『琉球神道記《りゅうきゅうしんとうき》』であろうと推測される。

『琉球神道記』は、島津侵入直前の琉球に一六〇三～一六〇六年の間滞在した浄土宗の僧侶である袋中《たいちゅう》上人の著作で、琉球の寺院の由来、沿革や地元の神々について記している。首里、那覇の禅門、真言寺院の僧侶はもとよりであろうが、時の尚寧《しょうねい》王や重臣たちとも交流しており、多くの見聞に基づく貴重な記録である。

その『琉球神道記』の最後に「キンマモン事」として琉球の開闢神話から神々の話が出ている。冒頭部分を掲げると以下の如くである。

「昔、此国初未タ人アラサル時、天ヨリ男女二人下リシ、男ヲ〈シネリキュ〉ト、女ヲ〈アマミキュ〉ト云、二人舎ヲ並テ居ス、此時此島尚小ニシテ、波ニ漂也、尓ニ〈タシカ〉ト云木ヲ現シテ殖テ山ノ体トス……又阿檀ト云木ヲ殖テ、漸ク国ノ体トス、二人陰陽和合ハ無レ共、居所並カ故ニ往来ノ風ヲ縁シテ女胎ム、遂ニ三子ヲ生ス、一リハ所々ノ主ノ始也、二リハ祝ノ始ナリ、三リハ土民ノ始也……国成就シ、人間成長シテ、守護ノ神現シ玉フ、〈キンマモン〉ト称シ上ル、此神海底ヲ宮トス……所々ノ拝林ニ遊玉フ、持物ハ御萱也、唱ハ御唄也……」として「〈キケイオホキミギャ、ヲレテ……〉(聞得大君が降れて云々)」(〈〉の部分は梵字表記)と「おもろさうし」の章句を掲げている。

後段には「ギライカナイ」や「オホツカクラ」、「キミテズリ」などの神々が登場する。タイトルに掲げられている「キンマモン」であるが、察度《さつと》王統の察度の神号が「大真《おおま》物《もん》」、武寧《ぶねい》が「中之《なかの》真《ま》物《もん》」、第一尚氏の初代尚思紹《ししょう》が「君志《きみし》真《ま》物《もん》」、尚巴《は》志《し》が「勢《せ》治《じ》高真《たかま》物《もん》」とあって、それらに繋がる神名のようである。伝承の始まりもその辺りとの関わりを暗示していると言えそうである。

さてこう見てくると、『中山世鑑』『中山世譜』ともに『琉球神道記』の記述に拠っていることが分かる。がしかし『琉球神道記』で天から下りた男女の「シネリキュ」と「アマミキュ」が『中山世鑑』では性別のない神の「阿摩美久」となり、『中山世譜』では大荒際から生じた男女の「志仁礼久」と「阿摩弥姑」二人になっている。『中山世譜』の方が『琉球神道記』への依拠の度合いが高くなっているが、そのまま引き写している訳ではない。『中山世鑑』は『琉球神道記』を第一の参考史料としながらも、王府の伝承、現実に執り行われる祭祀やそこでの祝詞、唱えられる「おもろ」などでもって開闢神話や神々、嶽々の話を組み立てたと考えられる。

日本の神話を含む和漢の書の知見も当然考慮されたはずである。「あまみきょ」「しねりきょ」は「おもろさうし」に多く登場するが、「又　あまみきよわ　島は　造りよわちへ　又　しねりきよわ　国は造りよわちへ」（『おもろさうし』巻5—281）などと対句として用いられることが多く、同一のものを言い換えていると考えられている。伝承なり「おもろ」なりによって羽地はそのように理解したからこそ「阿摩美久」一人だけを記したのであろう。そして御嶽の創造から五穀の将来まで多くのことを阿摩美久の営為としている。

もとより羽地が神話を鵜呑みにしていたわけではない。後にまとめられた羽地摂政代の法令集『羽地仕置《はねじしおき》』では、五穀発祥の地とされる久高島や知念、玉城への国王の巡礼を止めるための方便ではあったが、羽地は言う、言語の根本の共通性からすればもともと琉球の人々が北からやってきたのは疑いない、となれば五穀も人とともにもたらされたはずである。であるから久高島、知念の祭祀にそれほど拘ることはない、と言い放っていた。

そうしたことをも踏まえていた蔡温は、もともと人一倍合理的な思考の持ち主でもあり、神話的世界に執着する気はさらさらなかったのであろう。羽地が自らの思いは別にして神話を真面目に記したのに対して、蔡温は『琉球神道記』に依拠して、あっさりと記述するに留めたと言えるだろう。

阿摩美久の創造したという嶽々、王府が祭祀を行う御嶽々であるが、羽地はもとより蔡温も祭祀の整理縮小を図っていた。近世の首里王府は、第二尚氏に関わる王家祭祀の確立を目指しこそすれ、古琉球以来の、あるいは第一尚氏、それ以前に繋がる神話的世界は極力整理縮小しようとしていたのである。

東方への神聖視

ところで、阿摩美久が作り給うた御嶽や五穀の発祥に関わる聖地は、圧倒的に知念、佐敷《さしき》、玉城、大里《おおざと》の東四間切《あがりよまぎり》に集中している。琉球七嶽は本島北端の国頭の安須森と今帰仁のカナヒヤブ、それ以南の北部、中部には一つもなく、東四間切に四カ所（実際は五カ所）と首里に一カ所（実際は二カ所）である。

この偏りは何を意味しているのだろうか。

聖地巡礼として知られる「東御廻り《あがりうまーい》」も、首里から東四間切への巡拝である。首里王府が斎場御嶽、久高島を中心とした東方を神聖視していたことの反映であろう。それは佐敷を地盤として東方に勢力をもっていた尚巴志の一族や下《しも》の世《よ》の主《ぬし》とも称された島添大里按司《しまそえおおさとあじ》などの信仰世界を表しているのではないだろうか。稲や麦など五穀の発祥もこの東四間切内の話となっているのである。

やがて首里を拠点に沖縄島の統一を果たした尚巴志一族は、自らの信仰世界を持ち続け、次代の第二尚氏もそのままその世界観を継承したのである。そこには先行して相応の勢力を築いた浦添《うらそえ》政権の信仰世界や島尻《しまじり》西部の島尻大里の世界も反映されることはなかった。中部や島尻大里地域には阿摩美久の作り給うた御嶽が一つもなく、五穀発祥に関わる聖地もない。王や聞得大君が巡拝する聖地は一つもないのである。

それでは国頭と今帰仁に御嶽を設定したのは何故だろうか。東四間切には元からの聖地が多々ある。新たに進出した中山(首里)にも聖地を築いた。今帰仁は北山の拠点を征服した証としての聖地化ではないか。国頭は本島の最北、「あまみきょ」が北から南下しつつ御嶽を作り給うたとの伝承、あるいは解釈の表れということだろうか。

ところで阿摩美久の作り給うた御嶽や聖地などは『中山世鑑』から『琉球国由来記』ついで『琉球国旧記』へと受け継がれた。これらは王府公認の聖地となったが、一方で根強い民間伝承を持ちながらも『琉球国由来記』などに記録されず聖地と認知されなかった例もある。玉城仲村渠《なかんだかり》のミントングスクなどがそうした例であるが、ミントングスクは聞得大君の就任儀礼である「御新下り」の際に、聖地の一つとして巡拝したとされており、年代的なこともあるが、『琉球国由来記』への記載の有無だけで王府の公認、非公認を判断するのは難しそうである。

第二章

Chapter 02

神の国から人の国へ

この時代、神が創造した大地に、人は、自らの文化を築いてゆく。
琉球は、「石の文化」の国。
戦国の世を勝ち抜いた按司（地方豪族）たちは、領国を見渡す丘の上に、
入り江を見下ろす断崖上に、幾万の石を積み上げ、
壮大なグスク（城）を築き上げていった。
十二〜十五世紀のグスクの遺構が、「石の文化」を今に語り継ぐ。

今帰仁グスク
なきじんぐすく
＊今帰仁村字今泊
世界遺産の一つ、今帰仁グスクの西側の城壁。

具志川グスク

ぐしかわぐすく
＊糸満市喜屋武
沖縄本島南端のグスク。具志川原の海岸に突き出た断崖上に築かれた連郭式の古城。三方を海に囲まれ、東北の城門だけが陸地に開く。崖下の海はサーファーたちの絶好の波乗り場となっている。

戦国時代の幕開け

Gusuku jidai

グスク時代

十二世紀に入ると、石垣囲いをした「グスク」と呼ばれる遺構が現われる。その内外には、遺跡包含層がみられ、先史時代とは異なるグスク土器、類須《るいす》恵器《えき》（カムイ焼）、外国製陶磁器、武具、刀子《とうす》、炭化米、麦などが出土している。

これらの遺物からして、グスクが権力者の居城であったことがうかがえる。農耕を生産基盤に、また交易による財物を背景として、複数の集落を束ねて高度な政治体制を確立し登場してきた権力者が「按司《あじ》」と呼ばれる地方豪族である。

沖縄のグスクは十三世紀頃から築城が目立ちはじめ、按司たちは自らの拠点に無数の石を積み上げ、抗争が激化するにつれ、拡大、増築を繰り返していく。戦乱の幕開けだ。

グスクの多くは琉球石灰岩の丘陵地台上の要害地に築かれ、城塞化されていく。弱肉強食の戦いの中から「世《よ》の主《ぬし》」、「テダ（太陽）」と呼ばれる按司の中の按司が出現し、彼らは強大なグスクを背景に絶対権力者としての地歩を確立していく。

その後、中部に中山《ちゅうざん》王国、北部に北《ほく》山《ざん》王国、南部に南山《なんざん》王国が構築され、それぞれが王と名乗った。この版図は現在の中頭《なかがみ》、国頭《くにがみ》、島尻《しまじり》と呼ばれる三つの地域にほぼ重なる。

↑安慶名グスク
あげなぐすく
＊うるま市安慶名グスクの近くを流れる天願川にちなんで、別名「大川グスク」とも呼ばれる。伊波グスク（うるま市石川伊波）城主・伊波按司の五男・安慶名按司が十四世紀ごろに築いた。頂上を囲んで築かれた内郭の城壁を、さらに包むようにして外郭が築かれた、めずらしい輪郭式のグスク。

舜天王統《しゅんてんおうとう》

Shunten outou

源氏の血筋と言われる伝説の王

一一八七年、王位を簒奪した天孫氏の逆臣利勇《りゆう》を浦添按司《うらそえあじ》の舜天《しゅんてん》が討つ。

利勇は深く君恩を受け大臣にまで登るが、己の権力欲から政治を専横し、スキを突いて主君を殺害、自ら王位に就き、二十五代一万七千八百年続いたアマミキョ以来の天孫氏王統は幕を降ろした。これより国は乱れ、民は塗炭の苦しみにあえいでいた。国情をみかねた舜天は、他の按司たちの協力を得て立ち上がり、利勇を討ったのである。

琉球の歴史書に初めて登場する王が、舜天である。舜天王統の始まりだ。

ところで、この舜天なる人物、一体何者だろうか？『中山世鑑』によると、あの保元の乱（一一五六年）に敗れ、伊豆大島に流罪とされて自害した源為朝の子だという。のちの義経伝説を彷彿させ、しかも二人とも源氏の武将で叔父甥の間柄というのも不思議だ。

↑運天港《うんてんこう》
＊今帰仁村字上運天
舟で南下の途中、暴風にあった為朝が運を天にまかせて着いた浜が運天港だ。十七世紀の初め、琉球王国侵攻の際、薩摩島津軍が最初に上陸した地でもある。

この「為朝伝説」を『中山世鑑』と今に残る為朝の足跡でたどってみよう。

伊豆大島を脱出して海路南下した為朝は、途中暴風にあい、運を天にまかせて漂着したところが沖縄本島北部に位置する今帰仁《なきじん》の運天《うんてん》港だと伝えられる。

運天港に流れ着いた為朝は、しばらくして、歩を本島の南へ進め、高嶺間切《たかみねまぎり》大里《おおざと》村にたどり着く。そこで大里按司の元（島尻大里グスク。島添《しまぞえ》大里グスクとも伝えられる）に身を寄せ、その妹と恋に落ちる。二人の間に一人の男子が誕生、名を尊敦《そんとん》（のちの舜天）という。

　為朝、とどまること久しく、望郷の念にかられ、妻子をつれて帰郷しようと舟を出したが、ここでもまた海が荒れ、舟は浦添間切牧港《まきみなと》村あたりで漂流し一向に進まない。女が舟に乗っているので龍神が怒ったと船頭が言う。

　為朝はやむを得ず妻子を舟から降ろし、子の養育を妻に頼み、涙して妻子と別れ、故郷に向け舟を出した。

　それから、妻子は、牧港の琉球石灰岩の自然洞穴（ガマ）「テラブのガマ」で、為朝の帰りを待っていた。その所以で、「マチナト（待つ港＝牧港）」と呼ぶようになったという。

　為朝の子尊敦は長じて舜天となり、十五歳にして国人に推されて浦添按司となる。

　舜天を開祖とする舜天王統は、舜馬《しゅんば》順熙《じゅんき》、義本《ぎほん》と三代七十三年間続いた。舜天王統最後の義本王時代、旱魃に饑饉、加えて疫病が蔓延し、人民の半分が死ぬという国難に陥る。自分の不徳を悟った義本王は、有徳者として名高い天孫氏の末裔、恵祖《えそ》世の主の嫡子英《えい》祖《そ》に王位を禅譲する。その後、義本王は姿を隠すことになるが、おそらく、英祖に殺されたのであろう。新たな王権の確立には常に血が流されているからだ。

ティラガマ↓
てぃらがま

＊今帰仁村字運天
運天港を見下ろす運天森の中に、為朝が暮らしていたとされる洞穴がある。この洞穴を「ティラガマ」と言う。「ガマ」とは洞穴のこと。

和解名森←
わだきなむい

＊糸満市大里
島尻大里グスク（南山グスク）の東方約三百メートル離れたところに位置する。北のティラガマから南の高嶺間切大里村に着いた鎮西八郎為朝は島尻大里グスクの大里按司の元に身を寄せ、その妹と恋に落ちる。二人の逢瀬の場所が、当時、大森林地帯の中にあった和解名森だ。

義本王の墓↑
ぎほんおうのはか

＊国頭村字辺戸（沖縄本島最北端）
安須森（あすむい）北側麓に安置され、辺戸玉陵（へどたまうどぅん）とも称される。舜天氏王統第三代目、義本王の退位後について、蔡温編集『中山世譜』は「生死伝わらず」と記述しているが、なぜかこの地に墓が残されている。

実在した
"太陽の子"王

Eiso outou

英祖王統《えいそおうとう》

→ 浦添グスク《うらそえぐすく》

＊浦添市仲間
十三世紀に築かれたグスクと伝えられる。十四世紀には、高麗系瓦葺きの正殿を中心に、堀や石積み城壁などで囲まれた大規模なグスクになったようだ。舜天王統、英祖王統、察度王統の居城だったと伝えられるが、他説もある。

↑ 浦添ようどれ《うらそえようどれ》

＊浦添市仲間
浦添グスク北側の断崖中腹の岩を彫ってつくられた王陵。英祖王（写真右側）と第二尚氏七代・尚寧王（同左側）の英霊が眠る。「ようどれ」とは「夕凪」を意味し、穏やかなることを指す。

英祖は、伊祖《いそ》グスクを居城としていた恵祖世《えそよ》の主《ぬし》の晩年の子。母親が腹に太陽が飛び込む夢をみて懐妊し生まれたことから、英祖は〝テダコ（太陽の子）〟と称されるようになった。英祖は浦添グスクを居城とした。

英祖が王位に就くと、饑疫ともに止み、人心は落ち着いた。英祖王は最初に田野を巡視し、耕作地の経界（境界）を正し、民の農耕意欲を高め、収穫量を増やし、適正な租税を徴収した。

さらに英祖は、王陵を初めてつくり、その名を極楽山（浦添ようどれ）という。仏教にも関心を持ち、英祖は大和僧の禅鑑《ぜんかん》を招き、精舎（寺院）を浦添グスクの西に初めて建てて、極楽寺（現存しない）と名付けた。

このような英祖のすぐれた政治手腕は広く知られ、英祖の徳と治政を慕い久米島《くめじま》、慶良間《けらま》、伊平屋《いへや》、ひいては奄美大島などの離島からの入貢も相次いだ。

英祖がすぐれていたのは政治手腕だけではない。〝おもろ〟に〈伊祖《えぞ》のいくさもい〉、すなわち伊祖の武勇に秀でた人と謡われ、讃えられている。

英祖は在位中、二度、元の攻撃を受けるが、『球陽《きゅうよう》』は英祖の武勇伝を次のように語る。

← 西威王生家
せいいおうせいか
＊南城市知念字久高（久高島）
英祖王統第五代目の西威王は写真左側の家（産屋）で生まれた。右側は外間殿。一三四九年、西威王は若くして病死。その後、諸按司に推されて浦添按司の察度が王位を継いだ。

「元の成宗、使いを遣わし、我が国を来り侵すも降《くだ》らず」

英祖と国人が力を合わせ、元軍を撃退した。なんとも勇ましい話だが、この戦いは琉球ではなく、台湾が相手だったともいわれている。

英祖王統は英祖王→大成《たいせい》王→英慈《えいじ》王と続くが、四代目の玉城《たまぐすく》王時代に入ると、北山、南山地域にも、グスクを背景とした按司たちが続々と台頭してきた。三山《さんざん》時代の幕開けだ。

玉城王の亡き後、十歳の西威《せいい》が王位を継承する。西威王はあの久高島の始祖白樽《しらたる》の二女思樽《うみたる》が産んだ子で、幼名を金松兼《かにまちがに》と呼んだ。

西威王が幼少のため、母が実権を握り政治を行った。しかし「牝鶏《ひんけい》、政《まつりごと》を乱す」と言われ、諸按司の反発をかった。西威王が逝去した時、国人は西威王の世子を廃して、才徳のある浦添按司の察度《さっと》を王位に推戴した。

五代九十年間続いた英祖王統は、ここに終わりを告げた。

↑ 走水《はいんじゅ》

＊南城市玉城字百名
浜川御嶽から南へ三百メートルほど離れたところに、沖縄稲作の発祥の地「受水走水（うきんじゅはいんじゅ）」がある。岩山の泉から溢れ出た聖水が、西側の受水にはゆるやかに、その東側の走水には勢いよく流れ込む。「んじゅ」とは、沖縄方言で「溝、小川」のこと。

↓ 三穂田《みふーだー》

＊南城市玉城字百名
受水の前の三、四坪ぐらいの田が三穂田（御穂田とも）で、沖縄稲作発祥の地だと伝えられる。三本の稲穂をくわえた鶴が死んでいるのをアマミツ（アマミキヨの子孫と伝わる）が見つけ、ここ三穂田に植えた。そこから稲作が沖縄中に広がっていった。

天女から生まれた王

Chuzan-ou Satto

中山王・察度

ちゅうざんおう・さっと

英祖《えいそ》王統最後の王（五代目）・西威《せいい》が二十二歳の若さで亡くなると、諸按司《あじ》、群臣に推され、浦添《うらそえ》按司の察度《さっと》が中山王に即位する。察度の父親は浦添間切謝名《じゃな》村（現宜野湾《ぎのわん》市大謝名《おおじゃな》）に住む奥間《おくま》大親《うふや》で、農を生業としていた。

　この父子、どちらも若い頃に変わった恋をする。父に羽衣伝説あれば、子に黄金伝説がある。奥間大親と察度父子の嫁取り物語だ。

　まずは父、奥間大親のラブストーリーから始める。

　ある日、一日の農作業（田）を終えた帰りがけ、森川（泉の名）に行き、手足を洗おうとしたら、ひとりの女が沐浴していた。見ると絶世の美女だ。

　奥間大親は千載一遇の機会と思い、いかなる手段を用いてでも自分の嫁にしてみせる、とひとり妄想していた。というのも、歴史書にも「家貧《いえひん》にして娶る能わず」（『球陽』）と記されるぐらい貧乏暮らしをしていた。もはや周囲に奥間大親の嫁になる女などひとりも存在しなかったのである。

　しずかに歩を進め、木の蔭からスーミ（覗き見）していると、衣（飛衣）が枝の上にかかっている。大親、ひそかにその衣を取って雑草の中に隠した。大親が女の前に進み出ると、女はあわてて衣を着ようとしたが、衣がなくなっている。女は顔を手で覆い、シクシクと泣いた。

　大親が「イヤーヤ、マーカラチャガ？（あなたはどこから来たのか？）」と女に問うと、女は「ワンネー、天《てぃん》カラ下《う》リティチャル女《いなぐ》ヤイビーン（私は天から下界に降りてきた女です）」という。天女である。

　女は大親に、飛衣がないと天に上ることができないので、私にかわり飛衣を探してくれ、と泣きながら頼んだ。大親は悦んだ。大親ははじめから女を騙すつもりだったので「しばらく私の家に居て下さい。その間に私が飛衣を探してきますので」と言葉たくみに女を自分の草屋に誘った。

　日去り月来て十年余を経、一女一男をもうける。この男子が察度である。

　察度は百姓の子でありながら、漁撈を好み、畑仕事は怠けた。大親は父の教えを聞かない道楽息子の行く末を憂

← 森の川
もりのかわ
＊宜野湾市真志喜（森川公園内）
察度の父・奥間大親（おくまうふや）が畑の帰りがけ、天女を見初めた井泉（かー）。

えていた。

察度は島々村々を巡り遊ぶことが好きだった。ある日、察度は、勝連《かつれん》按司(勝連グスクの城主)が娘の婿探しをしているとの噂を聞きつけた。

貴族、名家の息子たちでさえ、次から次へと求婚を断られているのに、貧乏百姓の小倅《こせがれ》にすぎない察度が、大胆にも城主の姫君を娶るという、無謀とも思える恋に挑む。

察度は歩を勝連に向け進めた。すったもんだのあげく、察度は勝連按司に会うことができた。

「何しに来たのか」——みすぼらしい身なりの若者に、勝連按司が最初に発した言葉だ。

それに対し察度は「姫君の婿を探していると聞き、姫君に求婚するためにやって来ました」と真面目に応える。

結局、どこの馬の骨かもわからない乞食同然の姿をしていたので、群臣からも笑われ、察度の求婚はあっけなく断られた。

ところがである。察度の容貌を眺めていた当の姫君は「連れ合い（配偶者）に足りる」と察度の求婚を即決。

姫君が父親（按司）に向かっていうには、「君主の相をしており常人ではない」と。

娘があまりにも熱心なので、按司は占いをたててみることにした。卜《ぼく》は娘が王妃になる兆しあり、と出た。按司は大いに喜び、察度の求婚を許し、吉日を選んで二人を結婚させた。

そうして妻は察度に従い、察度の家に着いた。見ると、垣根は傾きやぶれて、屋根は雨漏りする「埴生《はにゅう》の宿」（みすぼらしい家）だったので、妻は腰を抜かすぐらい驚いた。

家の中はといえば、竈《かまど》は縦横一尺余りで、上は灰炭に埋もれ、周囲には松脂がこびりついている。しかし松脂と見えたものは、「仔細《しさい》に之《これ》を見れば、乃《すなわ》ち黄金」（『球陽』）であった。妻が不思議に思い、「どういうことなのか」と察度に尋ねると、「自分の田の周りに積んであるものは皆黄金である」と気にとめない様子でいう。

夫妻一緒に行って見ると、果たして田は金銀で充満している。夫妻はこれを拾い集めてしまっておいた。後に「其の地を就《めぐ》って楼閣を建て」（前掲書）金宮《こがねみや》（黄金庭《くがにー》）と名付けた。

現在、牧港《まきみなと》川には牧港―大謝名間に橋がかけられ、南北（国道五十八号線）を自由に往来することができる。しかし、当時は橋がなく南北の人々は、金宮の前を往来していた。

察度は目の前を行き来する人々の中に、飢えた人には食を、凍えた者には衣服を与えた。察度はまた、牧港に来た日本の商船から鉄塊を買い求め、農民に鉄を与えて農具を造らせた。農民たちは察度を、父母のごとく慕うようになった。

察度のこのような善行は国民に広く知れ渡るようになり、諸按司や群臣も英祖王統五代目西威王の世子を廃し、有徳者の浦添按司察度を推し、王位を継がせた。

一三七二（明の洪武《こうぶ》五）年、中国で元を倒し、明を建てた太祖・朱元璋（皇帝）の使者（楊載《ようさい》）が皇帝の詔を携えて、察度を訪ねてきた。

詔は「朝貢せよ」という内容の文になっていた。この詔諭に応じ、察度は表（挨拶状）を奉じて、弟の泰期《たいき》を明

→ 黄金庭
くがにー

＊宜野湾市大謝名
察度夫婦は黄金を畑から拾ってきて貯えた。この地に楼閣を造り「金宮」（黄金庭）と名付けた。戦前の黄金庭は石垣に囲われていたという。

に派遣して朝貢した。ここから琉球と中国との交易（交流）が始まる。

これを機に太祖は「瑠求《りゅうきゅう》」の字を「琉球」に改めた。このように「琉球」という国名は自ら名乗ったのではなく、外国から付けられた国名なのだ。

← 久米村発祥地《くにんだはっしょうち》

＊那覇市松山（松山公園内）
沖縄に文化、技術を伝えた閩（びん）人の業績を称えるために建立された碑。閩人三十六姓と伝えられるが、碑には蔡、王、鄭、陳、阮など十八姓しか刻まれていない。三十六という数字は、数多くの人たちという意味とみられる。

周辺諸国が中国皇帝へ貢物を捧げることを朝貢といい、その見返りとして、相手の国王を中国皇帝が任命することを冊封《さっぽう》という。

察度は冊封を受けていないが、次の武寧《ぶねい》王が初めてそれを受ける。察度が手掛けたこの朝貢・冊封体制は、一八七九年の廃藩置県に至る五百年以上も続く。

察度は、世子の武寧などを派遣して明との交易を盛んにする一方、中国の最高学府「国子監《こくしかん》」にも初めて官生《かんしょう》という留学生を送り出した。

琉球と中国との交流が活発化すると、中国からの渡来人も増え、彼らは那覇の久米村（方言ではクニンダ）に居住し、そこに集落を形成した。彼ら自身は久米村を唐営《とうえい》、のち唐栄《とうえい》と称した。閩《びん》人三十六姓はここに始まる。閩とは福建省のことで、三十六という数字は沢山という意味と思われる。彼らはさまざまな分野で琉球王国に貢献した。

大交易時代の基礎を築き、仏教（日本）や道教（中国）などの外来文化を積極的に取り入れ、琉球王国の経済・文化を大きく飛躍させ、世界に琉球王国の存在を知らしめた偉大なる王・察度は、四十六年間君臨し、一三九六年に没した。

← 天妃宮《てんぴぐう》

＊那覇市若狭
天妃とは航海を守護する神のことで、天妃宮は天妃廟とも呼ばれる。察度時代に渡ってきた「閩人三十六姓」と呼ばれた中国人たちが建廟したと伝わる。天妃宮は第二次大戦で焼失したが、一九七五年一月に復元された。

南山《なんざん》

Nanzan

有力按司たちがしのぎを削った跡

南山とはどの地域を指していうのだろうか？　時代によってその版図が移り変わり、当初（十六世紀）、首里から東方の南風原《はえばる》、大里《おおざと》、佐敷《さしき》、知念《ちねん》の四間切《まぎり》が中山地域に入り、玉城《たまぐすく》、具志上《ぐしかみ》（頭）、東風平《こちんだ》以南の間切を抱える地域を下島尻《しもしまじり》（南山地域、他説あり）と呼んでいたが、のち（十七世紀）玉城が下島尻から中山地域に入り、大里、佐敷、知念、玉城を東四間切《あがりよまぎり》と呼ぶようになるなど、それぞれの構成員に変化が見られる。

いずれにしても両地域は南部地域に属し、この南部地域にはグスクが集中し、按司《あじ》たちの覇権争いも激しかった。

さらにややこしくしているのが、南山王の拠点だとされる大里グスクの名称だ。南部地域に二つの大里グスクが存在する。一つは高嶺間切大里村《たかみねまぎりおおざとむら》（現糸満市大里）にある「大里グスク」、もう一つは、大里間切城村（現南城市《なんじょうし》大里字大里）の「大里グスク」だ。前者を「島尻《しまじり》大里グスク」、後者を「島添《しまぞえ》大里グスク」と呼称し、両グスクを区別する。

しかし歴史書には「大里グスク」とか「大里按司」としか記されていないので、どちらが南山王の拠点だったのか諸説あり、謎に包まれた地域なのだ。

ただこの地域に残された数々のグスクを目の当たりにすると、激しい戦いに明け暮れた按司たちの「夢の跡」が、何かを語ってくれそうな気がしてならない。

↑ 糸数グスク
いとかずぐすく

＊南城市玉城字糸数
玉城の中央大地西側の標高百八十メートルの断崖上に、珊瑚石灰岩を使って築かれた古いグスク。南北に高い物見台が配され、そこから眺める景色は格別だ。玉城グスクの玉城按司が三男を糸数城主に任じ、築かせたグスクと伝わる。

←

島尻大里グスク（南山グスク）

しまじりおおざとぐすく（なんざんぐすく）

＊糸満市大里

周辺グスクを束ねる連合体のリーダー的性格を持つグスクで、中山、北山に比べ、王権は脆弱だった。承察度（しょうさっと）→汪応祖（おうおうそ）→他魯毎（たるみー）と王位は継承されるが、いずれにも問題を含み、ごたごたの絶えない王統だった。南山王国は第一尚氏・尚巴志の傀儡政権だったという説もある。

↑

ミーグスク

みーぐすく

＊南城市大里字大里

島添大里グスクの外郭の東側に位置し、標高百六十メートルの丘陵地になっている。島添大里グスクの出城だったと伝えられ、島添大里按司が明国と交易をしていた時代、船の出入りを送迎していた所といわれる。眼下には佐敷の馬天港や佐敷上グスク、遠くには久高島、津堅島などの島々が一望できる。

↖

大城グスク

おおぐすくぐすく

＊南城市大里字大城

玉城グスクの玉城按司が二男を大城城主に任じ、築かせたと伝わる。最後の城主、大城按司・真武（しんぶ）は長堂・稲福原（ながどう・いなふくばる）の戦いで、島添大里按司に攻め滅ぼされる。尚巴志の祖父・佐銘川大主（さめかわうふしゅ）の妻は真武の娘である。

← 大城按司の墓

おおぐすくあじのはか

＊南城市大里字大城

大城グスクの大城按司・真武は、島添大里按司（大里城主）との戦いに敗れ、稲福村（大里間切）の西で自害した。遺骸は同地に葬られたが、一八九二年（明治二十五年）、現在地に移葬された。墓の上がドーム状につくられていることから、俗に「ボウントゥ御墓」とも呼ばれている。沖縄の墓の中では、独特の形式を持つ。

北山《ほくざん》

戦乱の世が生んだ壮大なグスク

Hokuzan

沖縄本島の北部地方を山原《やんばる》と呼ぶ。山原は山並みが連なる山岳地帯だ。北部地方を統治する北山王国の拠点・今《な》帰仁《きじん》グスクも、深い森の中に佇む。中山王統変遷の波は、この地も巻き込み、時には骨肉相食《こつにくあいは》み、幾人もの按司たちや多くの兵らが倒れていった。この累々と横たわる屍の上に、今帰仁グスクは築かれた。幾万もの石を積み上げてつくられた、総延長一・五キロメートルにも及ぶ壮大な城壁は、沖縄の城の中でも異彩を放つ。

今帰仁グスク・主郭

なきじんぐすく・しゅかく

＊今帰仁村字今泊

十三世紀以降に築城され、グスクの総面積は一万二千坪で、首里グスクに次ぐ規模を誇る。八つの城郭からなる多（連）郭式のグスクで、現存するグスクの中で、最も多い城郭を有する。グスクを取り巻くようにして川が流れ、その断崖上に城壁が築かれ、難攻不落の要塞だった。尚巴志は、写真手前近くの志慶真門（しげまじょう）から突入し、北山最後の王・攀安知を滅ぼした。落城後、北山地域を監視する北山監守がここに置かれた。初代監守は読谷山按司の護佐丸（臨時）だった。

今帰仁グスク・石畳道

なきじんぐすく・いしだたみみち

＊今帰仁村字今泊（今帰仁グスク城内）

毎年一月から二月中旬にかけて、赤やピンクのヒカンザクラが咲き誇る。世界遺産の一つ。

琉球史概説　その二

伝説に彩られるグスク

Text by Dana Masayuki

田名真之

農耕社会と統一文化圏の成立

グスク時代は、沖縄の歴史にとって画期的な時代とされている。六千年前の縄文時代前期から弥生を経て奈良、平安時代までの長期にわたる間、沖縄では未だ先史時代が続き、狩猟、漁労、採取を主とする社会であった。この貝塚時代と呼ばれる時代がようやく終わりを告げてグスク時代を迎えるのであるが、その画期は、稲作を中心とした農耕の開始であり、鉄器の使用であった。定住型の農耕社会が成立するのは十〜十二世紀頃とされており、グスク時代の開始となる。

さらにグスク時代で特筆されるのは、この時代に到って沖縄全域が初めて一つの文化圏となったと考えられることである。

これ以前の宮古、八重山はフィリピン、台湾と繋がる南方系の文化圏に属していて、その影響下にあったと考えられている。耳のような取っ手のついた外耳《がいじ》土器や、その後の無土器文化時代のシャコ貝製の磨製貝斧《かいふ》など、明らかに沖縄・奄美とは異なる文化をもっていた。それがグスク時代になると同一の文化圏に取り込まれていく。徳之島で生産されたカムイヤキの壺や甕《かめ》が奄美から宮古・八重山までの琉球全域に流通し、グスクの特徴の一つである石積みをともなう建造物も琉球全域で築かれていったのである。

沖縄島を中心に北は奄美から南は宮古、八重山の島々まで、多くのグスクが確認されている。研究者によって若干の差はあるが概ね三百前後とされている。

グスクとは何かと問われて、一言で答えるのは容易ではない。二〇〇〇年に世界遺産に登録された琉球王国の王城首里城は、グスクの中のグスクであり、王国時代を生き抜いた唯一にして最大のグスクだった。ともに登録された今帰仁《なきじん》、勝連《かつれん》、座喜味《ざきみ》、中城《なかぐすく》の各グスクも併せみれば、小高い丘の上に築かれ、城壁である石垣を幾重にも巡らし、各区画（郭）を形成していること、発掘遺物から瓦葺きの建造物が存在したこと、拝所である御嶽《うたき》があること、中国製の陶磁器や日本の武具などが発掘されることなどが、共通点としてあげられる。これら登録されたグスクが各地域の支配者たる按司《あじ》の居城だったことは明白である。

しかしグスク＝城と単純には言い切れない。なぜなら人が住めるほどの空間を持たないグスク、御嶽しかないグスク、石垣のないグスクなど極めて小規模のグスクも多い。また十六世紀に那覇港の防禦のために港口の南と北に造営された砦の屋良座《やらざ》杜《むい》グスクと三重《みえ》グスクなどの特殊なグスクも存在する。これらのグスクは按司の居城とは言い難いのである。ためにこれまでも、グスク聖域説、集落説などが唱えられてきた。

たしかにグスクの有り様は多彩であるが、一定の整理は可能であろう。グスクが三百あるといっても、すべてが同時期に存在したわけではない。グスク時代初期の小規模グスクから中規模へ、そして大規模グスクへと発展してきたとの理解は共通している。グスクの成長は、グスクの主であって村落共同体の首長であるテダ（太陽の意）やアジ（按司）の勢力の伸張を表し、村落共同体自体の成長、拡大を象徴しているといえるだろう。

共同体の成長にともない、拝所や聖地であったかも知れないグスクが拡張されて、アジも居住するようになった、あるいは拡張が叶わないから、またはより条件が良いということで別の場所に新たにグスクを築くこともあっただろう。つまり小規模グスクを段々拡張して、中規模、大規模グスクへと発展させたケースもあれば、勢力の拡大にともなって次々と新たなグスクを築いたケースもあったと考えられる。

「世の主」の登場

テダやアジなど地域の支配者は、拠点とする集落近くの小高い丘の上にグスクを築き、周辺地域との闘争を通じて、また農業の発展を背景に、さらには交易などを通じて勢力を強め、支配地域を広げていったと考えられる。そうした抗争をへて、やがて各地にいくつもの集落を随えて広い地域を支配するアジや、アジの中のアジである「世の主《よぬし》」が登場する。

十三世紀前半、浦添伊祖《うらそえいそ》の地域を支配していたとされるのが「ゑそのテダ」「恵祖《えそ》の世の主」と呼ばれる人物で、その「ゑそのテダ」の子が「おもろさうし」に「ゑそのてだこ」「ゑそのいくさもい」として登場する英祖《えいそ》であるとされている。もとより「おもろさうし」は古琉球期を中心とした神歌、歌謡集であり、編纂されたのも近世に到ってからで、歴史史料として用いるには慎重でなくてはならない。ただ「ゑそのてだこ・いくさもい」が英祖か否かは不明でも、伊祖グスクや浦添グスクの存在、発掘遺物などの考古史料や歴史書に記される伝承等々は、英祖と比定される有力な按司が実在した可能性を強く主張するものである。相応の勢力を持っていた伊祖グスクの按司が、やがては浦添按司となって、浦添全域の支配者となったのである。

ところで十七〜十八世紀の首里王府の正史である『中山世鑑《ちゅうざんせいかん》』や『中山世譜《せいふ》』は浦添按司英祖を琉球国中山王とするが、その英祖の王統に先立つ琉球最初の王統として、舜天《しゅんてん》の王統を挙げている。では舜天とは何者だろうか。

『中山世鑑』は琉球の開闢神話に続けて、天帝の子孫である天孫《てんそん》氏の時代が一万七千八百二年続いたが、権臣利勇《りゆう》によって亡ぼされ、その利勇を討って中山の王となったのが、浦添按司舜天とする。舜天の父は保元の乱に敗れて伊豆大島に流された源為朝で、大島を随えて後、琉球に到り、この地の大里按司の妹と通じて出来たのが尊敦《そんとん》である。尊敦は成長して浦添按司となり、利勇を倒したことで諸侯に推されて王位に即いたというのである。淳熙《じゅんき》十四（一一八七）年のことである。舜天の王統はその後舜馬順熙《しゅんばじゅんき》―義本《ぎほん》と三代七十三年で亡んだ。その後を受けたのが英祖である。

義本から英祖への政権交替について正史は次のようなエピソードを記している。義本が即位した翌年から、饑饉と疫病が続き人々を苦しめた。義本は自らの不徳の致すところだとして、有徳の者に位を譲りたいので誰かいないかと問うたところ、群臣皆が恵祖の世の主の子英祖を推薦した。それで英祖を摂政にして国政を任せたところ、七年にして疫病も止み穀物も豊かに実った。義本は英祖を召して、貴方こそ王に相応しい、私は退位するので王位に即いて欲しいと告げた。英祖が固辞したので義本は何処かへ出奔してしまった。英祖はやむなく即位して中山王となった。

この政権禅譲について、ともに正史の著者でもある、近世琉球を代表する二人の政治家羽地朝秀《はねじちょうしゅう》（『中山世鑑』）と蔡温《さいおん》（『中山世譜』）は対照的な評価を下している。羽地は「義本王の徳は堯《ぎょう》なり、英祖王の徳は舜《しゅん》なり。英祖王ありと雖《いえど》も、義本王なかりせば如何でか国家に利あることあらんや」といい、英祖の力量を見抜いて位を譲った義本を高く評価している。

ところが五十年後の蔡温は、「義本、饑疫の故をもって、鴻《こう》業《ぎょう》を他人に授く、何ぞその資質の削弱なるや、斯くのごときの甚だしきや」といい、「堯の水（害）、湯《とう》の旱（害）皆災変なり、聖人尚もて災変を免れ難し、況《いわん》や他人をや」として、聖人の治世であっても災変は起こるのであり、その時に自らの徳を積み、懸命に政治をおこなうことこそが肝要である、それを自分には徳がない、天が見放したと嘆いて、国を治めるという最も大事な仕事を放り出すようでは、もともと王となる資質などなかったのだ、と義本を厳しく批難している。

英祖王統と三山《さんざん》鼎立の始まり

さて英祖の時代（一二六〇〜一二九九年）、特筆すべきことは、

①浦添に王陵の極楽山《ごくらくさん》を築いた（一二六一年）

②久米《くめ》、慶良間《けらま》、伊平屋《いへや》など周辺離島が入貢してきた（一二六四年）

③（奄美）大島など東北諸島も入貢してきたため、泊《とまり》に受け入れ施設として泊公館、公倉を建てた（一二六六年）

④禅僧の禅鑑《ぜんかん》が那覇に到ったので、浦添城の西に極楽寺を建てさせた（一二六五〜七四年）

⑤元軍の二度の侵攻があり、一度目は琉球に到らずに引き返した。二度目は抗戦の末、追い返したが百三十人が虜として連れ去られた（一二九一年、一二九六年）

等々である。これらの記録は、十七、十八世紀に編集された正史に記されるのみで、同時代史料が存する訳でもなく、額面通り受け止められる訳ではない。しかし、英祖の王統が続いた

十四世紀半ばまでに王陵の極楽山、いわゆる「浦添ようどれ」や極楽寺が造営、建立されていた可能性は発掘成果からしても高いのであり、周辺離島や大島との特別な関係も日本との交易ルート上に位置することからすれば、容易に推測されるのである。浦添グスクから出土した高麗瓦や大天瓦などは十三世紀末から十四世紀前半のものとされており、瓦葺きの建物が存在したことが想定されている。

英祖王統は英祖以下大成《たいせい》、英慈《えいじ》、玉城《たまぐすく》、西威《せいい》と五代九十年続いた。四代目の玉城王の時代に世が乱れ王国は三つに分裂、北の今帰仁《なきじん》按司が山北王を称し、南の大里《おおざと》按司が山南王と称して中山の玉城王に背いた。そして五代目の西威王が若くして薨《こう》ずると国人は世子を廃して、人望の厚かった浦添按司察度《さっと》を奉じて王となした。

正史は十四世紀初頭の玉城王の時代に琉球国が三つに分かれ三山鼎立の時代がはじまったとする。しかし各々の地域で按司の抗争があり、やがて幾つかの勢力に統合されていき、その結果が三山となったとする見解が大勢である。多分に浦添が最大の勢力となっていただろうが、多くのグスクの消長をみていた南部地域こそが、狭い地域でグスクを築くことが可能な人口と経済力、生産力を持ち得たという意味で先進地域だったと考えられるのであり、浦添が全島を支配下においた政権を樹立していたとは想定出来ないのである。

英祖王統のつぎに登場するのが察度の王統だ。察度王統は子の武寧《ぶねい》まで二代五十六年（一三五〇～一四〇五年）の政権であった。

察度代で特筆すべきは、中国明朝との通交が始まったことである。宋、元代の中国陶磁が琉球の各地で確認されており、その頃から交易、交流があったことは明白である。しかし明朝冊《さつ》封《ぽう》・進貢《しんこう》体制への参入という公的関係は、察度代の一三七二年に始まった。この年、明の太祖の使者が察度の下に到り、詔をもたらして入貢を促したのである。これに応えた察度は弟の泰《たい》期《き》を送って入貢し、以後五百年余に及ぶ対中関係が結ばれた。対明関係の成立は進貢を中心とした琉球の関係記事が同時代史料である『明実録《みんじつろく》』に記録されることとなった。察度の中山だけでなく、遅れて進貢関係を樹立した山南や山北に関する記事も記録されたのである。

明朝との関係が始まったことにより、浦添按司察度は国名をはじめ国としての体裁を整える必要に迫られ、琉球国中山王といった王号を称することとなった。三山に分かれた島の中央に位置していたからである。島の北に位置する今帰仁按司は山北王、南部の大里按司は山南王と称した。つまり明朝との通交により中山、山南などの呼称が生じたと考えられるのであり、英祖や舜天に中山王の称号など無かったはずである。

さて明朝への進貢では毎年のように進貢船を送ったが、そのため航海ルート上の宮古・八重山が中山の勢力下に置かれたようで、察度代に宮古の入貢が始まったとされている。また明朝との進貢貿易は、二国間で完結するものではなく、貿易品の売買調達のため、以前よりの日本との交易も活発化したと推測され、また東南アジア諸国との交易も展開されるようになり、交易国家琉球を誕生させていった。中国からの渡来人も三山の王権と協力関係を築きつつ、琉球の交易を支えていた。

王たちの〝出生〟伝説

さてここで舜天以下、各王統の初代の出自についてみておこう。舜天は先述したが源為朝の子とされ、十六世紀初頭の碑文などで琉球最初の王と認識されている。一方で源為朝の琉球渡海も十六世紀前半に京都の禅寺で噂されており、為朝の子が代々琉球の王となったらしいとする話が琉球にも伝えられていた。もともと別々の話であったものを合体させ、為朝の子を舜天としたのは羽地の『中山世鑑』であった。近世での創作ということになる。琉球を支配する島津氏は源氏の出であるとされるところから、羽地がすり寄ったのだろうとする見解もある。

次の英祖は母親が太陽が口中に飛び込む夢をみて懐妊したことから、てだこ（太陽の子）と称されたとのエピソードがある。これについては先述したが、地域の支配者を「てだ」と称したのであり、てだの子を「てだこ」「若てだ」などと表現した事例は「おもろ」に多く登場している。母親のエピソードは「てだこ」から後代生まれた解釈であろう。これも羽地の創作の可能性がある。

ついで察度は天女の子とされている。宜野湾《ぎのわん》森川（往時は浦添の一部）の湧水で沐浴していた天女を見つけた奥間大親《おくまうふや》はその飛衣を隠した上で、天女に同情する振りをして女房にした。男女二人の子を設け幸せに暮らしていたが、娘が弟をあやす子守歌から飛衣の隠し場所を知ると、飛衣をまとって空に舞い上がり、しばしの逡巡のち天上の彼方に去っていったという話である。天女伝説は『球陽《きゅうよう》』にいくつも採られており、かつては沖縄各地に天女が舞い降りていたという。地上の男と夫婦となって子を設けたのは、森川と銘苅子《めかるしー》の物語の二カ所である。銘苅子については後に玉城朝薫《たまぐすくちょうくん》が琉球古典歌劇の組踊《くみおどり》に仕立てている。

これらの王たちの出自が尋常でないのは、王となる者が庶民と同様であるはずがない、生まれながらに特別な存在、貴種でなければならないからである。わずかな伝承、さして珍しくもない話を特別な話として創作し直したのである。古今東西いずれでも行われた支配者、権力者の手法である。

ところで、舜天、英祖、察度と続いた琉球の初期王統は一言で表現すると「浦添政権」と言える。舜天も英祖も察度も各々にまつわる話はすべて浦添地域であり、浦添グスクの浦添按司となりその後、王に昇ったとされている。

舜天王統の実在は疑わしいが、実在の可能性の高い英祖の王統が、仏教を導入し、先代の王統として位牌を仕立てて舜天王統の歴代の王を祀った、その位牌祭祀が英祖王統代を通して受け継がれ、察度の王統も受け継いだ、と考えられる。第二尚氏代に至って琉球歴代の王の位牌が琉球国の宗廟である崇元寺《そうげんじ》に祀られ、舜天以来の中山王の系譜が整理されるが、その初発は英祖の王統が担ったであろうと推測している。

第三章

Chapter 03

琉球最初の統一王統

佐敷上グスク《さしきうぃぐすく》

＊南城市佐敷字佐敷
尚思紹・巴志父子の居城。三山統一への狼煙は、この地から上がった。グスク最上段に上グスクの嶽（うぃぐすくのたき）がある。

戦乱の世を制したのは、南の一隅の小城から出た尚巴志だった。
小柄な身体ゆえ、〝佐敷の小按司〟と呼ばれた男だったが、
知略戦略に長け、琉球に初めて統一国家を樹立した。
史上「第一尚氏王統」と称されるこの王統は、わずか六十四年で滅びてしまう。
その後王統は、「第二尚氏王統」に引き継がれるが、
その基盤のほとんどは「第一尚氏王統」が築き上げた政治体制に立脚していた。

第一尚氏王統《だいいちしょうしおうとう》

戦国時代を制した親子

Daiichi Shou-shi outou

島添大里《しまぞえおおざと》按司《あじ》は群臣を集めて「今の諸按司は誰も恐るるに足りない。だが、父のあとを継いで佐敷《さしき》按司となった尚巴志《はし》は、英明神武にして豪胆、吾れはこれを恐れる。しかも吾れと巴志は仲が悪い」と話しているうちに喊声をあげ、兵を引きつれて、尚巴志が攻めてきた。

島添大里按司もこれを迎え撃つが、時すでに遅く、勇猛果敢な巴志軍に攻めたてられ、あっけなく滅ぼされてしまう。一四〇二年のことである。

尚巴志の居城は佐敷上《さしきうい》グスク（南城《なんじょう》市佐敷字佐敷）。尚巴志は朝な夕な、島添大里グスクを台上にいただく、中《ちゅう》城《じょう》湾に突き出た西方の丘陵地を睨むように見上げていた。

というのは、巴志はある日、父思紹《ししょう》に呼ばれ次のように下命された。

「政《まつりごと》が廃《すた》れてから百年以上にも及び、また兵戦も絶えない。民は塗炭に苦しんでいる。巴志よ、世を正せ。それができるのは汝《なんじ》一人しかいない。吾れに代わりて佐敷按司となり、民を水火から救ってくれ」

父のこの言葉に巴志は「命《めい》に従います」と。巴志は佐敷按司となった。巴志、二十一歳の時である。

中山《ちゅうざん》の一偶から琉球の統一国家形成への狼煙《のろし》が上がった。

この大業をなすためには、目の前の島添大里按司（島添大里グスク）が邪魔だった。中・北山へ兵を進めるには、その領地を通らなければならないので、最初に島添大里按司を攻めたのである。尚巴志は、中山攻めの戦略的基地として島添大里グスクを重要視し、居城を佐敷上グスクからこの地に移した。

苗代大親屋敷跡

なーしるうふややしきあと

＊南城市佐敷字佐敷
苗代大親（初代尚思紹が即位する前の名前）が佐敷按司になる前の屋敷跡。

つきしろの岩と井

つきしろのいわとかー

＊南城市佐敷字佐敷
苗代大親屋敷跡の上方、苗代殿の敷地内に大木に守られるようにして「つきしろの井」、井の縁あたりに「つきしろの岩」がある。尚巴志は、赤子の時、ここに捨てられたとの伝説がある。

← 旧場天御獄

きゅうばてんうたき

＊南城市佐敷字新里馬天原

この地に佐銘川大主（尚巴志の祖父）夫妻の遺骨を納めた石棺があった。近くで農作業をしている古老に聞いた話によると、幼い頃、この墓の前をよく通り、墓の中の石棺を見たという。一九五九年十月の豪雨を伴うシャーロット台風により山が崩れ、墓の大部分も欠落した。その数ヶ月後に、夫妻の遺骨は「佐敷ようどれ」（知念駐屯地基地内）に移葬合祀された。

拠点の佐敷間切《まぎり》から大里《おおざと》、知念《ちねん》、玉城《ぐすく》の各間切を勢力下に置いた尚巴志は、後顧の憂いを断ち、軍を北進させ、察度《さっと》の子、中山王武寧《ぶねい》を討つ。一四〇六年のことである。これで察度、武寧二代五十六年にわたる察度王統は滅ぶ。この年、尚巴志は、父・思紹を中山王に即位させる。第一尚氏王統の始まりである。

一四一六年、尚巴志は山原《やんばる》今帰仁《なきじん》に三千の兵を進め、難攻不落といわれる今帰仁グスクを知勇で攻略し、北山王国最後の王・攀安知《はんあんち》を自害に追い込む。怕尼芝《はにじ》→珉《みん》→攀安知と三代九十四年間、栄華を極めた北山王国はここに幕を閉じた。

尚巴志は自分の父である第一尚氏王統の初代、尚思紹王の薨去《こうきょ》（一四二一年）により、王位を継承し、一四二二年二代目の中山王に就いた。

この時、尚巴志は齢五十を迎えていた。しかしいまだ、父・思紹の遺志が達成されていない。

一四二九年、尚巴志は兵を挙げ南へ進軍した。南山王国の拠点、島尻《しまじり》大里グスク。ここに南山王国の最後の王・他魯毎《たるみー》が潜む。

権謀術数に長《た》けた尚巴志は、南山攻めの前にその布石はすでに打ってあった。自分の持っている金屏風を他魯毎が欲しがっていると聞きつけた尚巴志は、南山グスク（島尻大里グスク）の貴重な水源地である嘉手志川《かでしがー》（井泉）との交換を申し出た。すると他魯毎は、よっぽど金屏風が欲しかったとみえ、尚巴志の申し出に食いついてきた。

翌日、尚巴志はその井泉《かー》のまわりを柵で囲い、自分に味方する者には水を与え、反対する者には水を汲むことを許さなかった。そのため民心は他魯毎から離れ、人々は皆尚巴志に味方した。その上、南山王国は内紛が絶えず、弱体化していた。

戦う前から勝敗はついていた。南山王国は尚巴志の前に脆くも崩れ落ちた。ここに琉球初の統一国家「琉球王国」

が誕生した。

第一尚氏王統は北山の滅亡（一四一六年）直後から首里グスクの整備、拡張工事に着手した。その時、活躍した人物が、思紹、巴志父子の按司時代から父子に仕えていた懐機《かいき》（中国からの渡来人と伝わる）だ。

懐機は、土木技術、外交などに優れ、常に父子の側にいて父子を助けてきた。尚思紹が第一尚氏王統の初代王に即位すると、国相として登用され、尚巴志が父のあとを継ぎ、王位に就いた時も引き続き、国相として任用された。

尚巴志は首里グスク周辺の整備を懐機に命じた。早速、懐機は中国にならい、外国や国の要人を接待する遊宴遊息の場として「龍潭《りゅうたん》」［63頁］を造営した。池の周りには、松やヒノキ、ひいては花木、薬木などを植え、琉球随一の名勝地（安国山《あんこくざん》）にした。ハンタン山ともいわれ、園比屋武《すぬひやん》御嶽の後方に位置する。

今でも龍潭では、赤や白の鯉、どじ

→ 大里グスク・チチンガー

おおざとぐすく・ちちんがー

＊南城市大里字大里

大里グスク南側に位置し、地下に下りるようにしてつくられた井泉（かー）。井泉の入口付近には石でつくられた小さなアーチ状の拝所がある。取水口まで逆S字状になった四十三の石段が敷かれている。城壁で囲って井泉を城内に取り込んだところ、水が涸れ、城壁を城内側に後退させ井泉を城外へ出したら、水が湧き出した。それからこの井泉のことを「チチマランカー」（包まれない井泉）、そしていつの間にか「チチンガー」と呼ばれるようになった。

→ 嘉手志川

かでしがー

＊糸満市大里

南山グスクの目と鼻の先に位置する水量豊富な井泉（かー）。南山王国最後の王・他魯毎は尚巴志の罠にはまり、領民の貴重な水源であるこの井泉と、尚巴志の所有する金屏風を交換してしまう。民心は他魯毎から離れ、水を与えた尚巴志は信望を得た。あり得ない話である。他魯毎をバカ殿様に仕立て、尚巴志がいかに賢いかを、勝者は語りたいのであろう。

ょう、亀などが遊泳し、安国山には多くの老若男女が涼を求めて集まる。龍潭から遠望する首里城の勇姿はまた絶景。

それに続き尚巴志は、首里グスク第一の坊門と呼ぶ「中山門《ちゆうざんもん》」を綾門大《あやじょううふ》道《みち》（守礼門あたりから玉陵《たまうどうん》と首里高校前を西へ走る道。当時、守礼門は存在しない）の西端に創建。

これら事業のすべてが、南山討伐の前だった。尚巴志の南山との戦いは、王権確立に向けた掃討戦でしかなかった。

ところで、尚巴志はなぜ、居城を島添大里グスクから首里グスクに移したのだろうか？

首里グスクの周囲を散策してみた。

↑羽地内海

はねじないかい

＊名護市

一四一六年、寒汀那（かんてな）港に集結した尚巴志・中山軍の船団は、この羽地内海を横切って北山攻略へ向かった。

わかったことは首里グスクを取り巻くように、三つの御嶽があること。いずれの御嶽も首里グスクを守る役割を果たしているようだ。

北方に虎瀬山《とうらじやま》、東方に弁ケ《べんが》嶽《だけ》、南方に雨乞嶽《あまごいだけ》があり、三つとも首里グスクの高台に匹敵するような山（弁ケ嶽は首里グスクより高く、那覇市の最高峰）で、どちらも三方、四方を見渡すことができ、首里グスクの様子を肉眼ではっきり確認することができる。

どうやらこの三つの御嶽は首里グスクの物見台（狼煙台《のろしだい》）とみられ、それぞれの御嶽には首里グスクの守護神が祀られているようだ。この三つの山（御嶽）と首里グスクとの間は、迫《さこ》状になり、たとえ敵が三方の山を突破したとしても、敵は迫の底に入り込む形となり、逆に全滅させられる可能性がある。

首里グスクは、難攻不落といわれていた今帰仁グスクよりも、もっと攻めにくい地形の中に立地していた。

第一尚氏王統は、尚巴志王の没後、尚忠《ちゅう》↓尚思《し》達《たつ》↓尚金福《きんぷく》と続く。当時、首里と那覇の間は海があり、那覇は海に浮かぶ島だった。冊封使《さっぽうし》一行は那覇久米村にある宿泊所、天使館に滞在した。冊封使が来るたびに、安里橋（現在の崇元寺前）と浮島の間、一キロメートルにも及ぶ海に船を並べて船橋をつくって渡していた。

第五代尚金福王は国相・懐機に橋の建造を命じた。一四五一年に石橋は完成し、「長虹堤《ちょうこうてい》」と名付けられた。結果、「長虹堤」は首里と那覇を結ぶ交通の要衝となった。

「長虹堤」が完成してから一年後、尚金福王は冊封使を迎えたが、その翌年の一四五三年、志魯《しろ》・布里《ふり》の乱が勃発。尚金福王亡きあとの王位継承をめぐる内紛で、志魯が尚金福王の世子、布里は尚金福王の弟で尚巴志の第六子という叔甥の争いである。

戦いは激しかったようで、首里城は炎上し、志魯、布里ともに討死にした。結局、王位は尚巴志の第七子である越《ごえ》来《く》王子（越来グスク）の尚泰久《たいきゅう》が継ぐことになった。

第六代尚泰久王時代にも有力按司たちの乱（後述する）があり、第一尚氏王統の屋台骨（政権基盤）は大きく揺れ、同王統最後（第七代目）の王を迎えることになる。

一四六一年、第一尚氏王統七代目の王位に尚泰久の第三子尚徳《とく》が就いた。だが尚徳王を待ち受けていたのは無残な末路であった。

一四六六年、なかなか入貢してこない奇界島（喜界島、奄美諸島の一つ）を、王自ら二千余の兵を率い、五十余艘の軍船に分乗して征討に向かった。攻略は成功し、二週間の遠征後、無事、那覇に着き、尚徳王は首里へ凱旋した。

それからしばらくして、一四六九年の四月、尚徳王が死んだと知らされた重臣たちが、首里グスクへ続々と詰めかけ、急遽、重臣会議が開かれた。重臣たちは、尚徳王の長男・佐敷王子（八歳）を次の王位につけようとしたが、群臣が居並ぶ中、鶴髪《かくはつ》雪のような老臣（安《あ》里大親《さとうふや》）が立ち上がり、「虎の子は虎、悪王の子は悪王」つづけて「物呉《むぬく》ゆしど我御主《わーうしゅー》、内間《うちま》御《う》鎖《ざし》ど我御主」（物を呉れる人こそ我々の主、内間金丸《かなまる》〈のちの尚円王〉こそ我々の主）と重臣たちを威嚇するような大声で、何度も唱えた。群臣たちはそれに呼応して「オーサーレー、オーサーレー（そうだ、そうだ）」と雷鳴のごとく唱和した。

尚徳王の重臣の一人であった金丸のクーデターが勃発した。予期せぬ出来事に、恐れをなした重臣たちは逃げまどい、王妃、乳母は幼い王子を連れ、城内西方の真《ま》玉森《だまむい》に身を隠した。しかしすぐに兵に見つかり、三人ともその場で斬り殺され、その遺骸は断崖絶壁の城外へ放り投げられた。その時、王妃の腓《くんだ》（ふくらはぎ）が木の枝にひっかかった。その後、ここを腓城《くんだぐすく》と呼ぶようになった。

瑞泉門
ずいせんもん
＊那覇市　首里城公園内
琉球王国を初めて統一した第一尚氏王統が新たに居城とした首里城の正門。

龍潭
りゅうたん
＊那覇市首里真和志町
首里城近くに、尚巴志が建設した。周りは遊歩道となっており、龍潭の東には、弁財天堂と天女橋を設えた円鑑池がある。

有力按司のクーデター未遂事件

Gosamaru Amawari no ran

護佐丸・阿麻和利の乱

ごさまる・あまわりのらん

第一尚氏王統による三山統一後も、依然として各地に地域への影響力を持つ有力按司《あじ》たちがいた。中でも、護佐《ごさ》丸《まる》と阿麻和利《あまわり》は、強大な力を持っていた。

沖縄本島中部の東方に、太平洋側に突き出た半島（与《よ》勝《かつ》半島又は勝連半島）がある。この琉球石灰岩の半島の付け根あたりにそそり立つグスクが、阿麻和利の居城、「勝連《かつれん》グスク」だ。

四の郭から三の郭門へと続く急坂の階段（以前は石畳だったが、現在は板に変わっている）を昇り、三の郭から二の郭、そして一の郭門へさしかかり、崖下を望むと、まるで天空から下界を眺めているような気分になる。

このような急峻な岩山を利用して築かれたグスクは、沖縄本島には他に見つからない。このグスクの城主が、前城主の茂知附《もちづき》按司を倒した阿麻和利だ。

首里から勝連グスクまでの道のりは約十八キロメートル。護佐丸の居城、中グスクはちょうどその中間あたりに位置し、中城《なかぐすく》、北中城両村の境界あたりに広がる。いずれも中城湾を望み、勝連グスクが北端、中グスクは南側の湾最奥部に立地している。

護佐丸のもともとの居城は、読谷山《ゆんたんざ》間切《まぎり》読谷山村（現恩納《おんな》村山田）にあった読谷山グスク（のち山田グスクに改められる）。ここから護佐丸は尚巴志《はし》と共に、今帰仁攻略に参戦。攻略後の一四二二年、論功行賞に伴い、同座喜味《ざきみ》村に築城し、読谷山村から座喜味グスクへ移転。さらに、勝連グスクの阿麻和利を牽制し首里・中山を守るため、第三代尚忠《ちゅう》王即位の一四四〇年、座喜味から首里にほど近い中城の地へ移封された。

移転の際、中グスクの三の郭と北の郭（裏門）が築城の名手といわれる護佐丸の手によって増築された。中グスクのこの増築がグスク時代、最後の築城となる。

十二月から一月にかけて中グスク城内にはツワブキが咲き乱れ、いかめしい城壁に彩を添え、来訪者をやさしく迎えてくれる。

尚泰久《たいきゅう》王、護佐丸、阿麻和利——護佐丸・阿麻和利の乱に登場する主要人物の三人だが、互いが親戚関係で結ばれている。

尚泰久王の妃は護佐丸の娘で、阿麻和利の妻百度踏揚《ももとふみあがり》は尚泰久王の王女。尚泰久からすると護佐丸は義父、阿麻和利は娘婿にあたる。護佐丸と阿麻和利の関係は義理の孫（阿麻和利）と義理の祖父（護佐丸）ということになる。

三人の戦いが始まる。ある日阿麻和利は、密かに小舟を出し、大里間切の与那原《よなばる》（現与那原町）に着き、急ぎ足で首里王府に向かった。尚泰久王に謁見した阿麻和利は、王に「護佐丸は兵を集めて、謀反の動きをしている」と進

↑座喜味グスク《ざきみぐすく》

＊読谷村字座喜味
尚巴志の北山攻略後、論功行賞として、護佐丸にこの地が与えられた。築城の名手と異名を持つ護佐丸の手によって、一四二二年に築かれた。城壁の上から眺める石積みの曲線美はグスク随一。世界遺産の一つ。

言。王は護佐丸の忠義はよく知っていたので阿麻和利の言を信用しなかった。阿麻和利は続けて「もし臣の言葉を信じることができないなら、どうか人を使って護佐丸の様子を探ってきて欲しい」と語気を強めて言上。

王はこの言葉に動揺し、人を使わして、中グスクに走らせた。すると、阿麻和利の進言通り、護佐丸は城内にて兵馬の訓練をしていた。それを聞いた王は驚いて、阿麻和利を大将に命じ、中山《ちゅうざん》軍を中グスクに向け進発させた。午前四時頃のことである。

これを察知した護佐丸の群臣は、怒り、恨み、抗戦しようとしたが、護佐丸はこれを止め「王命なり。天神地祇《てんじんちぎ》も予の誠を知っている」と言い放つと同時に自害し、妃、二子（もう一人の子は逃がす）とも、護佐丸の後を追った。

それからしばらくして、阿麻和利は中山攻めを計画。それを知った百度踏揚は、夫の阿麻和利を裏切り、付き人の鬼大城《おにうふぐすく》とあだ名された猛将、大城賢《うふぐすくけん》勇《ゆう》の背に負われ、首里へ向かう。

王城に着いた二人は、阿麻和利の反逆を王に告げ、王は阿麻和利の襲撃に備えて、至急、兵を集めた。そこに阿麻和利が攻めてきた。しかし王城の防御は固く、阿麻和利は撃退され、敗走。

王は大城賢勇を大将として、勝連グスクの征討を命じる。勝連グスクに到着した王府軍はまず南門（四の郭の南風《はえ》原御門《ばるうじょう》）を攻めるが、兵を分けて北門（四の郭の西原《にしはら》御門）を襲う。

城門は遂に破れ、阿麻和利を見つけた大城賢勇は飛び走り、阿麻和利の首を斬る。按司時代最後の武将の末路である。

首里王府の歴史書は、阿麻和利を逆臣扱いしているが、〝おもろ〟（古謡）は阿麻和利を「勝連の鳴響《とよ》みテダ、百浦鳴響みテダ」（勝連の気高く名高い按司様は、百浦に鳴りとどろく按司様である）と称賛し、また勝連グスクを大和《やまと》の京、鎌倉にたとえ、その繁栄ぶりを謡った〝おもろ〟もある。

阿麻和利は領民から慕われていた。勝連グスクは首里王府に匹敵するぐらいの経済的繁栄をとげ、かつて尚泰久王の父尚巴志が琉球王国の覇権を夢見たように、阿麻和利もまた同じような

夢を見たのであろう。その夢の跡が勝連城跡だ。

百度踏揚は阿麻和利討伐後、越来《ごえく》グスク（沖縄市）の城主となった討伐軍の大将、大城賢勇に嫁いだ。そして大城賢勇も金丸のクーデターで越来グスクを追われ、知花《ちばな》グスク（越来グスクの支城と伝わる。沖縄市）中腹のガマ（洞穴）に追いつめられ、兵の火攻めにあい、その場で最期を遂げたと伝えられる。ここに大城賢勇の墓が建っている。

一方、妻の百度踏揚の霊は、ゆかりの地玉城富里《ふさと》（現南城市）の山原山《やんばるやま》と呼ばれる森の麓にひっそりと眠る。戦乱の世に翻弄された悲恋の王女であった。

↑中グスク《なかぐすく》

＊北中城村字大城

護佐丸は、勝連の阿麻和利を牽制するため、座喜味グスクからこの地に移封された。写真の城壁と裏門（北の郭）は護佐丸が増築した。これがグスク時代最後の築城となる。増築部分は最も頑強な亀甲乱れ積み（きっこうみだれづみ）工法による。世界遺産の一つ。

勝連グスク

かつれんぐすく

＊うるま市勝連南風原

阿麻和利（十代目城主）の居城。五つの郭からなる連郭式のグスク。堅牢を誇ったこのグスクも中山軍の猛攻によって陥落した。逆臣の汚名を着せられ討ち死にした阿麻和利だが、「千年も君臨せよ、気高き阿麻和利」と謡われ、領民の目には一時代を築いた英雄そのものとして映っていたようだ。世界遺産の一つ。

第一尚氏王統の最期

Daiichi Shou-shi outou no saigo

謎に包まれた王国の末路

一四六九年四月に起きた金丸《かなまる》のクーデター。クーデター派の殺戮は徹底し、城内は一瞬のうちに阿鼻叫喚の渦に包まれた。そのような中、第一尚氏王統の王墓「天山陵《てんさんりょう》」の焼き討ちの噂をいち早く察知した家臣、屋比久子《やびくしー》、平田子《ひらたしー》（第一尚氏の一族）らは「天山陵」の扉をこじ開け、歴代王の遺骨を運び出し、夜陰に紛れて、それぞれ王ゆかりの地へ移葬した。

かつて城間按司《ぐすくまあじ》であった尚金福《きんぷく》王の遺骨は、浦添《うらそえ》間切《まぎり》城間村のシリンガー原（今は米軍基地内、遥拝所が浦添市城間にある）の岩の洞穴へ、尚巴志《はし》、尚忠《ちゅう》、尚思達《したつ》三王の遺骨は、読谷山《ゆんたんざ》間切《まぎり》伊良皆《いらみな》村（移動前の伊良皆集落、現在基地から返還されている）佐敷森《さしきむい》の山奥の岩穴へ安置した。六代目尚泰久《たいきゅう》王の遺骨は、乳母の出身地美里《みさと》間切伊波《いは》村（現うるま市石川伊波）、伊波グスクにほど近い小さな岩穴に隠し、ムヌクーヤー墓（乞食墓）と名付け、人々がその墓に近づかないようにした。明治四十一（一九〇八）年頃、遺骨の入った石棺を子孫らが伊波村から、玉城の富里（現南城市玉城字富里）までかつぎ移葬した。現在の「天山陵」は民家の庭となっている。

ここに七代六十四年間続いた第一尚氏王統は終わりを告げた。同王統は短命であった。一代十年足らずの在位期間で、しかも三人（尚忠王、尚金福王、尚泰久王）が尚巴志の子で、二人（尚思達王、尚徳《とく》王）が孫というように、政権委譲に問題があったようである。

首里城内でクーデターが発生した時、尚徳王は久高島にいたという。島の大里家のノロ、クニチャサ（国笠）にうつつをぬかしていたが、城内のクーデター騒ぎを聞きつけ、船で首里城へと向かう途中、妻子の死亡を知り、海に身を投じたという。しかし琉球正史は単に「己丑《つちのとうし》、四月、王薨《こう》ず」と記すのみで、その真相を語ろうとしない。

おそらく、このクーデターは、金丸と安里大親《あさとうふや》らによって用意周到に計画がなされ、実行されたのであろう。

金丸は尚徳王と意見が合わず、クーデターの前の年、一四六八年八月に職（御物城《おものぐすく》御鎖之《おさすの》側官《そばかん》）を辞し、以来、内《うち》間《ま》御殿《うどうん》に隠遁していた。そこに首里から国王の乗りものと国王の衣服をたずさえた群臣が、突然、訪ねてきて、金丸に王位に就くよう懇願する。金丸は固辞するが執拗に懇願を繰り返すので、やむを得ず王位に就くことを承諾した。

主なき政変、事を決行してから主を

決める。ありえない話であり、仮に事をおこしたとしても失敗するのは目に見えている。

ところで金丸は第一尚氏王統四代にわたる王（思達、金福、泰久、徳）に仕えてきた。家来《げらい》赤頭《あくがみ》（下級官吏）から始まり、尚泰久王時代には王府の財物（交易品）を一手に管理する御物城御鎖之側官、今でいえば貿易担当大臣と財務大臣を兼ねるような位まで登りつめた。

それからすると金丸は、第一尚氏王統には大恩がある。謀反――金丸は主殺しの汚名を着せられることを避けたかった。それで、虚実を織り交ぜたあのクーデター劇になったのであろう。

↑佐敷森
さしきむい
＊読谷村字伊良皆（旧集落）
第一尚氏王統三代の王（尚巴志、尚忠、尚思達）の英霊が眠る森。三人の王の遺骨をこの森の中に運んできた、屋比久子（やびくしー）と平田子（ひらたしー）の墓も、まるで三人の王を守るようにして、森の右側斜面の中腹に、並ぶように建てられている。

↓天山陵
てんさんりょう
＊那覇市首里池端町
第一尚氏王統の陵墓。クーデターの際、焼き討ちにあった。歴代王の遺骨は、焼き討ち前に運び出され、それぞれ王ゆかりの地へ移葬された。現在は民家の庭になっている。

琉球史概説　その三

琉球王国の礎を作った父子

田名真之

Text by Dana Masayuki

初めての統一王朝

十五世紀初頭、三山《さんざん》鼎立の時代に終止符を打ち、統一政権を樹立したのは希代の英雄尚巴志《しょうはし》であった。この尚巴志の王朝が第一尚氏である。

第一尚氏はその後の琉球王国の原形を多々創出、演出している。まずは沖縄本島に統一政権を樹立したこと、王城の首里城の築城、王の港那覇港の成立などがある。また出自である本島南部東側の斎場御嶽《せーふあうたき》や久高《くだか》島を五穀発祥の地などとして聖地化した信仰世界もある。琉球国王が「尚」氏を称するのも第一尚氏からである。

さて第一尚氏の出自は、『佐銘川大ぬし由来記』によると、尚巴志の祖父である鮫川《さめかわ》（佐銘川《さめかわ》）大主《おおぬし》は伊平屋伊是名《いへやいぜな》島の出であるが、故あって本島南部の佐敷《さしき》間切《まぎり》の新里《しんざと》村馬天《ばてん》の地に逃れてきた。そこで近隣の大城《うふぐすく》按司《あじ》の娘を娶って一男一女を設けた。男子が苗代大親《なわしろうふや》（後の思紹《ししょう》）でその後佐敷按司となり、女子が馬天大《おお》のろくもいとなった。苗代大親の長子が佐敷小《こ》按司《あじ》の尚巴志である、と記している。正史の『中山世譜《せいふ》』や『球陽《きゅうよう》』もこの「由来記」をもとに同様のことを記しており、第一尚氏の発祥の話として定着している。

しかし王府の最初の正史である『中山世鑑《せいかん》』（一六五〇年、羽地《はねじ》朝秀《ちょうしゅう》著）では、思紹と尚巴志の記述だけで、鮫川大主も伊平屋、伊是名も登場しない。十七世紀末から十八世紀初頭、王府は史書編纂事業を行い『琉球国由来記』等を編纂したが、その際、資料として各間切に地元の「由来」「伝承」を提出させた。それが『佐銘川大ぬし由来記』であり、『伊平屋島旧記』であろう。その後の『中山世譜』などでは、伊是名出身の佐銘川大ぬしが登場してくる。それ以前第一尚氏の出自は佐敷と認識されていたはずで、実際、第一尚氏の伝承や旧跡（住居跡、陵墓等）は佐敷に存在するのであり、伊平屋、伊是名にはほとんどない。

それが十八世紀初頭以降、第二尚氏だけでなく第一尚氏も伊是名島出身とされたのである。北辺の離島を出自とする意味はなんだろう。さらなる北方を意識してのことだろうか。

さて、尚巴志が佐敷の小按司と呼ばれていた頃、港町の与那《よな》原《ばる》で三年かけて打たせた名刀を異国船の積荷の鉄塊と交換し、農具用として人々に分け与えた、という話がある。尚巴志の評判を高めたエピソードだが、これは示唆的である。与那原が異国船の来航する港であり、尚巴志が刀を手に入れ、それを鉄塊と交換しうる町であったことを示している。その与那原を支配していたのが、下《しも》の世《よ》の主《ぬし》と呼ばれていた島添大里《しまそえおおさと》グスクの按司であった。佐敷の尚巴志もその勢力下にあって、按司の港の与那原に出入りしていたのであろう。鉄塊も重要である。琉球では産せず交易によってしか得られない鉄、それを手に入れることができる者こそが王たる資格を有するのである。逸話が事実か否かは問題ではなく、貴重な鉄や刀などを入手し提供することができる者、尚巴志はそうした実力を備えていたと云いたいのであろう。

ところで話の発端の名刀は何を象徴しているのだろうか。第二尚氏に伝えられた山北王由来の「千代金丸《ちよがねまる》」や宮古の豪族仲《なか》宗根豊見親《そねとよみおや》献納の「治金丸《ちがねまる》」などはいずれも中世の日本刀であり、日本から持ち下られたものと見られている。尚真《しょうしん》代に千代金丸を研がせるため、京都に持ち上ったこともあった。いずれ琉球側には刀鍛冶など刀剣に関わる技術は何も無かったのではないか。与那原の鍛冶屋に名刀を鍛える技など無いとなれば、この話が象徴するのはなんだろう。刀鍛冶は眉唾だが、諸々の技術やその技術者集団なりを勢力下に擁していた、ということだろうか。

三山統一をめぐって

尚巴志の三山統一の過程について、『中山世譜』は一四〇六年に中山、一四一六年に北山、一四二九年に南山を倒して完成した、と記している。一方の『中山世鑑』では一四〇二年山南、一四二一年中山、一四二二年山北の順である。『中山世鑑』には年代の明らかな誤りもあるが、統一の過程については支持する研究者もいる。『中山世鑑』は沖縄側の伝承と記憶に基づいた記述と考えられているのに対し、約半世紀後の『中山世譜』は中国側史料をもとに従来説を大幅に書き改めている。

両者の違いは統一の順序と年代であるが、中でも最大の問題は南山（山南）はどこかという点である。南山は『中山世鑑』では最初に亡ぼされ、『中山世譜』では最後に亡ぼされたことになっている。南山の大里按司とは誰なのか、島添大里按司か島《しま》尻《じり》大里按司かという問題である。佐敷の尚巴志が統一に向け真っ先に戦かったのは下の世の主の島添大里按司だったはずである。『中山世鑑』はその島添大里按司を「山南王」とし、『中山世譜』は一四二九年まで存続した南山は島尻大里按司の居城の島尻大里グスクとしているのである。この二カ所の大里グスクと大里按司をどう理解し、説明できるかなのである。

一四〇二年以降も山南は存続したが、一四一五年に内紛があり、尚巴志が介入、少なくともそれ以後の山南は尚巴志政権の傀儡《かいらい》であった、中国貿易維持のために名目上山南を存続させた、尚巴志は山北制圧後、次男を監守としてその地に置いたが、他魯毎は尚巴志の長男で山南制圧後に王として置かれた等々、様々な説、解釈が試みられている。両大里グスクの発掘調査も踏まえながら、議論は今後も続きそうである。

ところで山南の一角の佐敷の領主に過ぎなかった尚巴志が、三山を統一するほどの軍事力をどうして持ち得たのだろうか。島添大里が山南であるかどうかは別にして、下の世の主を倒してその地位を得ることが大前提であろう。そうすれば東四間切《あがりよまぎり》と称された大里、佐敷、知念《ちねん》、玉城《たまぐすく》を掌握できるからである。島添大里グスクの主となれば与那原での交易による経済力の伸張も指摘できるだろう。

さて三山の勢力、経済力を比較する際よく用いられるのは明朝への進貢回数である。察度《さっと》が最初の入貢を行った一三七二年から山南滅亡の一四二九年まででいうと、中山が六十回余で群を抜いており、山南は約三十回、山北が十数回である。『明実《みんじつ》録《ろく》』や『歴代宝案《れきだいほうあん》』に記される進貢船はいわば公式の三山の派遣船である。中山は明朝への進貢を前提に南方貿易、日本との貿易でも圧倒的に優位にあったことは間違いなかろう。しかし、進貢船の港ではなかったにしろ与那原でも中国商船や日本商船の渡来は想定されるのである。中国や日本との貿易に全く与ることなく、佐敷そして島添大里時代を生きたとすれば、そんな尚巴志に経済力も軍事力も付くはずはないからである。

第一尚氏政権の特徴

一四〇六年中山王武寧《ぶねい》を倒した尚巴志は父思紹を中山王位に即けた。翌一四〇七年思紹は武寧の世子（跡継）として、〝父〟の訃報を告げ、冊封《さっぽう》を願って許されていた。この請封、冊封で思紹は察度政権に替わって新たに中山の支配者になったことを表明せず、武寧の子として、中山王位の正統な後継者を装ったのである。すでに明朝に認知されている琉球国中山王位を黙って受け継ぐのが得策とする判断だったのだろう。それにこの時点で王の名に尚姓は用いられていない。

尚姓の登場は二代の尚巴志からであるが、察度－武寧－思紹－尚巴志との王名からいって、尚巴志の「尚」が姓として用いられたとは言い難いだろう。尚姓の継承は尚巴志の子の三代尚忠《しょうちゅう》からで、その後王位に昇った者はすべて尚を冠して尚某と称している。琉球王家の尚姓はここから始まり、第二尚氏にも引き継がれていくことになる。

ところで請封の際、思紹が派遣した使者三五良亹《さんごらみー》は、一四〇三年、一四〇五年と武寧の進貢使者を務めていた。三五良亹以外でも察度、武寧代から引き続き進貢に従事する通事や使者がいた。明朝への進貢に関わる人的体制は、そのまま尚巴志政権に引き継がれた可能性が高いのである。ということは進貢貿易を担う組織や体制は察度、武寧はもとより尚巴志政権、つまりは中山政権と一定の距離を置いた関係にあった可能性も指摘できそうである。

古琉球の那覇に関して、早くに多国籍の人々が混在する国際都市になっていた、とする指摘がある。後に久米《くめ》村を形成する渡来中国人だけでなく、若狭《わかさ》町村には日本人も多く居留していた。『朝鮮王朝《ちょうせんおうちょう》 実録《じつろく》』に第一尚氏代、多くの朝鮮漂流民を琉球が送還した記事が見えている。十五世紀半ばになお百名を超す朝鮮人が琉球王の下にあると記されており、指摘されるように倭寇によって拉致され琉球に売り渡された人々といった可能性があろう。明朝へ送還される中国人も多いが、これらは琉球の那覇が人身売買を伴う国際市場であったとする指摘にも通じるものである。

第一尚氏が琉球の信仰世界の原形を準備したことは先述したが、第一尚氏の時代は多くの外来宗教も導入されていた。浦添政権は英祖以来仏教を導入していた可能性が高く、察度代には熊野権現信仰の流れを汲む波上宮《なみのうえぐう》が建立されていた。そして第一尚氏代には、波上宮の神宮寺として護国寺が建立された。

また渡来中国人由来の媽祖《まそ》を祀った天妃宮《てんぴぐう》、天尊廟など道教系の神々が将来され、冊封使の柴山《さいざん》は大安禅寺《だいあんぜんじ》、千仏霊閣《せんぶつれいかく》を創建していた。第五代尚 金福《しょうきんぷく》が首里に続く安里《あさと》から浮島那覇に陸橋の長虹堤《ちょうこうてい》を造営した際、その責任者となっていた国相の懐《かい》機《き》は、工事完了後願掛けしていた天照大神の祠を築いていた（御伊勢の寺と呼ばれた、後の長寿寺）。第六代の尚泰久《しょうたいきゅう》は多くの禅寺を創建し、梵鐘《ぼんしょう》を鋳造して寺社に寄進した。第七代尚 徳《しょうとく》は禅寺の他八幡信仰を将来して安里八幡社を創建した。

首里には天界寺他歴代の王が創建した臨済の寺が林立していたが、那覇では日本、中国の神や仏が官や多様な集団によって勧請され祀られていた。多国籍の人々が混在する那覇の側面がここにも見えているといえるだろう。

ところで尚巴志は佐敷以来の東方の信仰をこそ信奉していたようで、仏寺を建てたとする記録は無い。察度の建立した万寿寺をそのまま継承して用いたようである。一方で五斗米道《ごとべいどう》の総本山である竜虎山天師府に砂金を送って符録を願ったりしていた。ともあれ、貿易のため那覇に寄留し、定住する集団が自らの神仏を将来し、信仰していたのである。第一尚氏は人や物とともに神や仏も受け入れたのである。

第一尚氏は、喜界島《きかいじま》に兵を進め、大島以南の奄美をも支配した。察度代に開始された明朝への進貢貿易を軸に、東南アジア貿易を展開し、朝鮮にもしばしば使者を送って交流し、室町幕府とも交流して貿易していた。明朝への進貢は年に三隻で千人を超す派遣もあった。

尚泰久は「万国津梁 鐘《ばんこくしんりょうしょう》」（一四五八年）を鋳て、「琉球国は南海の勝地にして……舟楫を以て万国の津梁となし、異産至宝は十《じっ》方刹《ぼうさつ》に充満せり」と王国の気概と繁栄を高らかに銘文に刻んでいたが、琉球は交易国家として未曾有の発展を遂げていたのである。

しかし第一尚氏の王国は七代六十四年で滅んだ。諸按司連合とも指摘される第一尚氏政権の基盤の脆弱さが四代の王に仕えた重臣金丸《かねまる》のクーデタによって突き崩されたのである。王位に即いた金丸は尚円《しょうえん》と号した。第二尚氏王統の始まりである。

第四章

Chapter 04

強大な王国の誕生

クーデターであえなく滅亡した第一尚氏に代わり、第二尚氏時代が幕を開ける。神の世界さえも政治機構に組み入れられたこの時代、前代類を見ない強固な中央集権体制が築き上げられ、後に廃藩置県により、琉球王国が崩壊するまで、徳川幕府をしのぐ四百年以上もの長期政権が続いた。

崇元寺石門
そうげんじいしもん
＊那覇市泊

第二尚氏時代につくられた崇元寺の跡。崇元寺は、首里城内の冊封儀式（中国皇帝の使者が王世子を王に任命する）に先立ち、使者が諭祭（ゆさい、故国王を祭る儀式）を行う国廟。琉球王国最初の舜天王統から第二尚氏王統尚泰までの歴代国王の霊位が安置されていた。第二次大戦でそのほとんどが壊滅、石門の一部が残り、戦後復元された。

第二尚氏王統

だいにしょうしおうとう

Daini Shou-shi outou

四百年続いた安定王統

琉球王国の王統の系譜は、天孫《てんそん》氏王統に始まり、舜天《しゅんてん》王統→英祖《えいそ》王統→察《さつ》度《と》王統→第一尚氏王統と続き、次の王統が四百年以上も続いた第二尚氏王統だ。

第一尚氏王統最後の尚徳《とく》政権をクーデターで倒した金丸《かなまる》は、一四七〇年、王位に就いた。金丸は、第一尚氏の「尚」を引継ぎ「尚円《しょうえん》」と名乗った。ここから第二尚氏王統が始まる。

琉球王国王統の歴史は、地方の有力按《あ》司《じ》が徳のない王を打倒し、王朝を継承するという図式が繰り返されたが、第二尚氏王統の場合、家臣が主君を討ち、新たな王統を建てるという特異な経緯を辿った。これが同王統最大の特徴だ。

尚徳王と金丸は意見がことごとく対立した。久高《くだか》島行幸の際、祭りをすませ、与那原《よなばる》の浜に着いた尚徳王は、乗り物に従う者たちは皆疲れ果てているのに、酒食を与えず出発を急がせた。金丸は尚徳王に対し「この地で従者らの労をねぎらい酒食を供してから出発するのが先例になっています。どうかいましばらく乗り物を停めて、お供の者たちに酒食を与えて下さい」と諫めた。

尚徳王は激怒した。それでも金丸は退かず、王の衣を引いて、泣いてなおも諫めた。尚徳王はやむを得ず、それを許した。

その後、金丸が、尚徳王を縷々《るる》諫めるも、聞き入れられなかった。遂に金丸は職を辞し西原間《にしはらま》切内間《ぎりうちま》村の内間《うちま》御《う》殿《どうん》に隠居した。

クーデターの際、鶴髪の老人（安里《あさと》大親《うふや》と伝わる）が首里城の上《うい》の御《う》庭《なー》で「物呉《むぬく》ゆしど我御主《わーうしゅー》、内間《うちま》御《う》鎖《ざし》ど我御主」と唱えたのも、与那原浜での出来事があったからであろう。

尚円王を始祖とする第二尚氏王朝は、十九代四百十年も続いた。

尚円王生誕地跡

しょうえんおうせいたんちあと

＊伊是名村字諸見（伊是名島）

尚円王の出産の時、へその緒が埋められたと伝わる「みほそ所」。尚円王は伊是名島では、松金（まちがに）と呼ばれていた。農業に従事し、二十歳の時に父母を同時に失い、二十四歳の時、島を追われる。

↑ 御物城跡

おものぐすくあと

＊那覇市垣花

中国、朝鮮、日本など外国の交易品を収蔵した首里王府の倉庫。金丸はここを管掌する御物城御鎖之側（おものぐすくおさすのそば）という要職にあった。現在、明治橋の西側、那覇軍港から突き出しているこぢんまりした森（むい）が見えるが、当時は海中に浮かぶ小島だった。

↘ 安里之嶽

あさとのたき

＊那覇市泊

クーデター最大の功労者安里大親（あさとうふや）の住居跡。当時、御物城御鎖之側の任にあった金丸は、つねに安里大親の屋敷前を往来していた。ある日、安里大親は金丸に王相があるとして、王位に就くことを提議した。二人は何回も密談を交わした。

↓ 内間御殿

うちまうどぅん

＊西原町字嘉手苅

王位に就く前の金丸の屋敷跡。金丸は、尚徳王と意見が対立したので、職を辞しここに隠遁した。尚徳王打倒の策略は、この御殿で練られたとみられる。クーデター派は、首里から、鳳輦（ほうれん、国王の乗り物）、龍衣（りゅうい、国王の着物）を持って、金丸を国王に迎えるため、はるばるこの地までやって来た。

農民から王様へ駆け抜けた男

Shou En

尚円《しょうえん》

ところで、尚円王とは一体何者であろうか？　尚円王は、沖縄本島北端の西の海に浮かぶ離島・伊是名《いぜな》島に農民の子として生まれたと伝えられる。尚円王は伊是名島では「北《にしぬ》の松金《まちがに》」と呼ばれていた。沖縄の方言で「北」のことを「ニシ」という。

尚円王は、仲田《なかだ》湾にほど近い諸見《しょみ》という集落に生まれた。尚円王生誕地屋敷跡の隣接地に尚円王御庭《うなー》公園がある。その中に白い台座の上に若者像が立っている。若き日の尚円王の像だ。着物姿で腰に縄を結び、左手を斜めに真っ直ぐ伸ばし、右手にはウェーク（櫂）をしっかり握りしめている。一体、左手はどこを指し、なぜ農民が櫂を持っているのだろうか？

島中央部の北側に尚円王の伝説の田「逆田《さかた》」がある。田の周囲をぐるりと

回って見た。小高い丘を割り取ったような谷底、しかも田は三角形状のゆるやかな斜面に段々に刻まれている。

　逆田の前面に広がる平地の畑に比べ、水稲には最も条件の悪い土地である。長雨や豪雨の際、真っ先にやられる田が、この逆田であろう。

　逆田の左脇に碑が建っている。この碑の説明によると「逆田は、毎年のように豊作がつづき、又、いかなる大旱《かん》魃《ばつ》のときでも涸れることはなかった。これを見た下の田主達は、『水をよこし入れた』と思い違いをし、それならばと、ある晩のこと、下の田圃《でんぽ》に水が流れるように、畦を切り開きました」。

　それでも、下の田は水が涸れ、上にある北の松金の田だけが、水を満々と湛えていた。

　逆田に関しては、次のような伝説もある。日照りが続いているのに、北の松金の田だけは水がいつも満ちている。不思議に思い、村人らがこっそり調べたところ、村のアン小《ぐわー》（乙女）たちが夜な夜な松金の田に水を運んでいたという。水の逆流と同じく、これもありえない話である。

　逆田にまつわる言い伝えは、英祖王《えいそ》の「テダコ（太陽の子）」、察度《さつと》の「天女の子」伝説と共通し、英雄、王になる人物は、常人と違い、また彼らの所有物も尋常ではないということを琉球正史は語っているようだ。

→ **逆田**《さかた》

＊伊是名村字諸見（伊是名島）
松金の田は、左右の山に挟まれた斜面に立地する水田。三角形の形状をした七十～八十坪ぐらいの面積で、水田は東南側に開き、前には平坦な畑が広がる。斜面にもかかわらず、どんな大旱魃でも涸れることがなかった。畦を切り開いても、下の田の水は涸れ、松金の田だけは水が満々としていた。これから「水が逆さに流れた田」ということで「逆田」の名が付けられた。これが原因で松金は水盗人の罪を着せられて島を追われる。そして王になる。


　ある日松金は、日暮れて、田より帰る時、一人の老人に出会った。この老人が松金に言うには「今農民たちが、あなたを殺そうとしている。早くこの難を逃れ、国頭《くにがみ》へ行きなさい」と。

　北の松金は、水盗人の罪を着せられ、農民たちから恨みを買っていた。彼は、妻と弟（のちの尚宣威《せんい》王）を連れ、近くの浜から小舟に乗り、国頭郡（現国頭村）の宜名真《ぎなま》へ逃げた。

　尚円王御庭公園に建つ松金像の左手は国頭の宜名真方向を指し、右手のウエーク（櫂）は舟を漕ぐために握っていたのである。

　宜名真に着いた松金は、この地にしばらく住んでいたが、ここでも伊是名島と同じようなことを繰り返し、足を南の方へ進める。ここから北の松金と呼ばれた男は名を「金丸」と改めて出世街道をひた走ることになる。

首里城正殿

しゅりじょうせいでん

＊那覇市　首里城公園内

琉球王国の象徴で、国王自らが政務を執ったり、重要儀式が行われた建物。創建年代は不明だが、第一尚氏時代にはすでにあったと伝えられる。首里城は、過去四回焼失したが、その都度再建された。現在の首里城は、琉球大学の移転後、一九九二年十一月に再建された。中国の宮殿建築と日本の建築様式を取り入れ、琉球独特の趣向に仕上げられている。

現代にも連なる
巡拝コース

Agari-umâi

東御廻り《あがりうまーい》

斎場御嶽・大庫理

せーふぁうたき・うふぐーい

＊南城市知念字久手堅

東御廻り七番目の拝所が斎場御嶽だ。石畳の参道を奥へ入って行くと最初に、左手岸壁の下方にいくつもの香炉が置かれた拝所に出会う。この拝所が、広場という意味の大庫理だ。神職最高位の聞得大君の「お新下り」のクライマックス、お名付け（即位式）の儀式は久高島・外間ノロの司祭により、ここで挙行された。ここからさらに奥へ進むと、寄満（ゆいんち）、三庫理（さんぐーい）という拝所に出会う。

　王府時代（十七世紀以降）、首里の東の方向に位置する大里《おおざと》間切《まぎり》、佐敷《さしき》間切、知念《ちねん》間切、玉城《たまぐすく》間切を東方《あがりかた》、または東《あがり》四間切《よまぎり》と呼んだ。間切は現在の市町村にあたる。

　この東方に点在する聖地を国王及び王府神職の最高位・聞得《きこえ》大君《おおきみ》が巡拝することを「東御廻り《あがりうまーい》」という。第一尚氏の聖地を第二尚氏が国家的行事に格上げし、二月に、麦の発祥地、久高《くだか》島（南城市《なんじょうし》知念字久高）、四月には稲の発祥地、玉城百名《ひやくな》の〝受水《うきんじゅ》 走水《はいんじゅ》〟を感謝と五穀豊穣、国家安泰を願い巡拝した。

　それにならい、人々も「東御廻り」と称し、門中《むんちゅう》（父系の一族集団）の一つの祭祀行事として祖先ゆかりの聖地を巡拝するようになった。門中によって巡拝コースが若干違うようだ。

　沖縄は祖先崇拝という信仰を持っている。「東御廻り」もその本質において祖先に対する感謝と供養のための巡礼の旅であり、「東御廻り」が人々にも広く取り入れられた背景がここにあるとみられる。

1 園比屋武御嶽
すぬひゃんうたき

2 浜の御殿
はまぬうどぅん

3 親川
えーがー

東御廻り《あがりうまーい》

1 園比屋武御嶽
＊那覇市　首里城公園内
首里城の外、守礼門後方にある御嶽。国王の東御廻り、聞得大君の「お新下り」における第一番目の拝所。後方には緑豊かな森（聖地）が広がる。代々の国王や聞得大君も、ここで道中の無事を祈り出発した。世界遺産の一つ。

2 浜の御殿
＊与那原町字与那原
天女が舞い降りた場所と伝えられる。現在は陸地になっているが、以前はきれいな砂浜が広がる海辺にあった。久高島参拝の折りには、船の発着場となり、ここに御仮屋（うかいや）が建てられ、国王らが休息した。

3 親川
＊与那原町字与那原
天女の子が産湯につかったと言い伝えのある井泉（かー）。聞得大君の「お新下り」の際、霊泉の聖水で脱皮再生を願う「御水撫で」（うびぃなでぃ、額に中指で聖水を付ける）の儀式も、ここで執り行われた。

4 場天御嶽
＊南城市佐敷字新里
旧場天御嶽は台風の被害にあい、土砂崩れで崩壊したため、尚巴志の祖父佐銘川大主（さめかわうふしゅ）を祭る場天御嶽も写真のイビの森に移された。

5 佐敷上グスク
＊南城市佐敷字佐敷
写真は、尚思紹、尚巴志父子の居城のあった丘陵地。グスク内にある階段を上りつめると、明治時代に建立され、佐銘川大主、尚思紹・尚巴志父子を含む八体を合祀した月代（つきしろ）宮が顔を見せる。

6 テダ御川
＊南城市知念字知名
知名崎の灯台を右手に見て、石段を下っていくとコバルトブルーの海が目の前に広がり、左手に「テダ御川」が見えてくる。太陽神が降臨したと伝えられ、国王や聞得大君が久高島を参拝する際には、ここで船を休め、この井泉（かー）の水を汲み、おもろ（古謡）を謡い、航海の安全を祈った。現在、井泉は涸れている。

4 場天御嶽
ばてんうたき

5 佐敷上グスク
さしきうぃぐすく

6 テダ御川
てだうっかー

次ページに続く

↓前ページから続く

7 斎場御嶽・三庫理
せーふぁうたき・さんぐーい

8 知念グスク
ちねんぐすく

9 知念大川
ちねんうっかー

7 斎場御嶽・三庫理
＊南城市知念字久手堅
岩に囲まれた三角形の空間をくぐり、左手の木々のつくる丸い空洞から、海上にうっすらと浮かぶ「神々の島・久高島」を遠望することが出来る。ここが、久高島の遥拝所（うとうし）である。

8 知念グスク
＊南城市知念字知念
自然石を積んだクーグスク（古城）とアーチ門を備えた切石積みのミーグスク（新城）の二つの郭からなる。城内には「火の神」を祭る祠や御嶽があり、城外には按司墓や、受水走水（うきんじゅはいんじゅ）と共に稲の発祥地と伝わる「ウカハル」がある。

9 知念大川
＊南城市知念字知念
知念グスクの西側入口に位置する。水源地は、後背地にある「ウカハル」と呼ばれる田の泉。「知念大川」は「ウカハル」の遥拝所である。

10 受水走水
＊南城市玉城字百名
百名ビーチ近くに位置する。受水の傍らには三坪ぐらいの神田「三穂田（みふーだー）」が広がる。「三穂田」は稲の発祥地で、昔、稲穂の儀式には、この田より苅り取られた稲穂が供えられたという。

11 ヤハラヅカサ
＊南城市玉城字百名
沖縄の創世神・アマミキョが、大東（うふあがり）の楽土ニライカナイから渡って来て、百名の海岸に上陸した際、第一歩を踏んだ地。

12 浜川御嶽
＊南城市玉城字百名
アマミキョが仮住まいをしたと伝えられる百名海岸の岩山の麓に建つ御嶽。そこから石段を下りて行くと、すぐにヤハラヅカサの砂浜が広がる。

13 玉城グスク
＊南城市玉城字玉城
アマミキョが築城したと伝えられ、知念グスクと同じくグスク時代最古のグスク。岩を丸く刳り貫いた一の郭の城門をくぐり七、八歩進むと、「アガル御イベ、ツレル御イベ」の神名を持つ「天つぎあまつぎの御嶽」の拝所に辿り着く。「東御廻り」最後の霊場である。

10 受水走水《うきんじゅはいんじゅ》

11 ヤハラヅカサ

12 浜川御嶽《はまがーうたき》

13 玉城グスク《たまぐすくぐすく》

琉球王朝の栄光を築いた王

Shou Shin

尚真

しょうしん

尚円《えん》王の没後、世子尚真《しん》がまだ幼いとの理由で、弟の尚宣威《せんい》が王位を継いだ。ところが、一四七七年二月、即位を祝うはずの陽神キミテズリは聞得《きこえ》大《おお》君《きみ》の口を借りて「尚真こそ王にふさわしい」と託宣した。尚宣威王は、おそれおののき、王位を尚真に譲り隠退した。神女集団に王座を追放された尚宣威はその年の八月に没した。

尚真が第二尚氏王統三代目の王に即位した。〝嘉靖《かせい》の栄華〟の始まりである。尚真王は、中国や東南アジア、日本、朝鮮などの海外諸国との交通・交易を盛んにし、王府の財政基盤を確立した。その上で、地方の按司《あじ》らをその領地から首里に集居させ、武器類も護国のためとして、携帯を禁じ蔵に収め、そして、士族階級の身分を明らかにし、統制した。

地方の神女たちも王府の組織に組み入れられ、聞得大君《きこえおおきみ》を頂点とする階層組織が形成された。

諸按司の首里集居、武器携帯の禁止、神女らの組織化——このようにして政教両権を王が握ることにより、前代類をみない中央集権国家が誕生したものとみられる。

〝参勤交代制〟を敷き、大名らを〝江戸詰め〟にし、長期政権を築いた徳川幕府の統治政策は、尚真王の治世にならったのだろうか。

尚真王の治世は、成化《せいか》（中国年号）から嘉靖に至るまでの五十年間に及び、この黄金時代は〝嘉靖の栄華〟と呼ばれている。

← ↑

円覚寺跡

えんかくじあと

＊那覇市首里当蔵町

臨済宗の琉球における総本山で、琉球随一の巨刹。尚真王が先王尚円を祀るために、第二尚氏王統の菩提寺として一四九五年に創建。写真は総門と三年後につくられた「放生池（ほうじょうち）」と「放生橋（ほうじょうきょう）」。三つとも戦災により破壊、焼失したため、一九六七年に復元された。

玉陵

たまうどぅん

＊那覇市首里金城町

第二尚氏王統の陵墓。一五〇一年、尚真王がその父尚円の遺骨を見上森陵（みあげもりりょう）から移葬して造営したと伝わる。墓室は三つに分かれ、真ん中の円筒状の中室はシルヒラシと呼ばれ、洗骨前の遺骸（棺）を安置する室、東室（左）は洗骨後の王と王妃、西室（右）が王子・王女の遺骨を安置する室からなる。墓域は二千四百四十二平方メートルで、沖縄最大の墓。世界遺産の一つ。

玉陵碑

たまうどぅんひ

＊那覇市首里金城町

玉陵の外庭に建てられた碑。尚真王が築いた（一五〇一年）と伝わる。碑文は玉陵に葬られるべき人々、尚真王以下九人の名が記され「この書き付け背く人あらば、天に仰ぎ、地に伏して祟るべし」と締めくくっている。王室内の内紛が伝わってくる碑文でもある。

玉陵石彫獅子

たまうどぅん せきちょうじし

＊那覇市首里金城町

玉陵を守護するように、陵墓の左右両袖塔上に親と子の獅子が立つ。写真は左塔上に立つ親獅子のようだ。立ったシーサーは珍しい。

歓会門《かんかいもん》

＊那覇市　首里城公園内
首里城の正門。別名「あまへ御門（うじょう）」。第二尚氏三代目の尚真王時代（一四七七〜一五二六年）に建立。守礼門の次に位置し、この門を通り、瑞泉門などを経て正殿に至る。中国皇帝の使者"冊封使"など、首里城を訪れる人々への歓迎の意味を込めて、その名が付けられた。

久慶門《きゅうけいもん》

＊那覇市　首里城公園内
首里城外郭の北側に位置し、城外へと続く通用門。主に女性たちが利用していた。俗に「ほこり御門」という。門の外側両脇に泉樋があり、「樋川（ひーじゃー）御門」とも呼ばれている。歓会門と同じころ、尚真王時代に築造されたようだ。

継世門《けいせいもん》

＊那覇市　首里城公園内
首里城南東に位置する外郭門で、美福門の外側にある。「添継（そえつぎ）御門」の別名を持つ。赤田村に近いので「赤田（あかた）御門」ともいう。普段は、通用門として利用されていたが、国王が亡くなると王世子がこの門から城内に入り、王位を継承した。

天女橋と弁財天堂

てんにょばしと
べざいてんどう

＊那覇市首里当蔵町

尚徳王時代、朝鮮国王から贈られた「方冊蔵経」という経典を収納するため、尚真王が円鑑池の中に建立。この弁財天堂のある中島に架設された石橋が天女橋で、観蓮橋ともいう。慶長の役（薩摩の琉球入り）で、堂宇は破壊され、方冊蔵経も散逸したので、一六二一年に尚豊王が再建し、弁財天像を安置し弁財天堂と名付けられた。

神女をも組み込んだ政治体制

Oaraori

お新下り《おあらおり》

1 園比屋武御嶽
すぬひゃんうたき

2 継世門
けいせいもん

3 浜の御殿
はまぬうどぅん

4 親川
えーがー

国王さえも追放できる権力を持つ神女集団とは、一体いかなる組織になっているのだろうか。まず国王から辞令が交付され、土地（ノロ地）などが付与され、司祭する神と拝所が決められる。ちなみに神職最高位の聞得《きこえ》大君《おおきみ》は〝日（太陽）と月〟を司祭する。その組織体系は、聞得大君を頂点として、その下に首里三平等《みひら》（首里城下三地区の総称）にそれぞれを管掌する「大あむしられ」三人を据え、三つに分けた区分を、そのまま地方にまで押し広げ、国を三分割した形で末端の地方ノロまで取り込んだピラミッド型の階層組織になっている。いうなればこの神女集団は、王国の中に女王（聞得大君）の君臨するもう一つの王国みたいなものだ。

第二尚氏王統には歴代十五人の聞得大君がいた。〝聞得《きこえ》〟とは「名高い」

1 園比屋武御嶽
＊那覇市　首里城公園内
聞得大君御殿を出た聞得大君は、最初にここで、道中の安全を祈願した。

2 継世門
＊那覇市　首里城公園内
首里城内で国王と別れの盃を取り交わし、継世門前の赤田待口（あかたまちぐち）より、白装束で白馬を召し、乗馬した久高島の両ノロを先導に、六十名余のノロたちを従えて、斎場御嶽に向かって出発した。

3 浜の御殿
＊与那原町字与那原▶p87

4 親川
＊与那原町字与那原▶p87

5 日暮坂
＊南城市佐敷字手登根
写真右下あたりから風車の前（左）へ山道が走り、知念まで続いていたようだ。ちょうど山の頂上にさしかかるころ、日が暮れたので「日暮坂」という名が付いた。聞得大君一行もここで休息をとり、知念グスクから斎場の「斎場御嶽」へ向かった。

6 斎場御嶽・参道
＊南城市知念字久手堅
聞得大君一行が斎場御嶽の御待御殿に到着するのは、午後八時頃であった。深夜零時頃に松明をかざし、写真の参道を通り、御嶽内に参入。六御前のイビ（聖なる場所）に供物を捧げ、久高島・外間ノロの司祭で大庫理（うふぐーい）において、聞得大君の即位式「お新下り」を挙行した。儀式が終わるのは午前四時頃。

5 日暮坂
ゆっくぃーぬびら

6 斎場御嶽・参道
せーふぁうたき・さんどう

という意味、君とは神のことで、大君とは君々に君臨する最高の神のことをいう。聞得大君職は国王の姉妹（オナリ）が任命されるのがならわしだが、歴代十五人中、王妃が一番多かった。

最初の聞得大君は尚円《えん》王の娘（長女）で尚真《しん》王の実妹だった。名を〝音智《おとち》殿《との》茂金《もいかね》〟、号は月清。第二尚氏王統第二代目の尚宣威《せんい》王を追放したのは、この音智殿茂金の聞得大君を頂点とする神女集団であった。

聞得大君の任務は、国王のオナリ（姉妹）神（兄弟を守護する女神）として王国の祭祀儀式を通じ、国王の長寿、王室の安寧、国家繁栄、五穀豊穣と航海の安全を祈ることだった。

この聞得大君の即位式を「お新下《あらお》り」という。「お新下り」は、六十名余のノロたちを従えて聖地を巡拝しながら、初めて自分の領地（知念間切《ちねんまぎり》）に入り、琉球随一の聖地「斎場《せーふあう》御嶽《たき》」で執り行なわれた。この儀式は、琉球王国が崩壊する一八七九年まで続いた。

琉球史概説　その四

強固な王朝の栄枯盛衰

Text by Dana Masayuki
田名真之

金丸のクーデタ

一四六九年、第一尚氏第七代の尚徳《しょうとく》が卒すると、重臣の内間《うちま》御鎖《おざす》の金丸《かねまる》は、クーデタを起こして政権を奪取し、即位して尚《しょう》円《えん》となった。第二尚氏王朝の始まりである。

この金丸の打ち立てた第二尚氏の王朝は、古琉球から島津侵入、近世琉球を経て明治十二（一八七九）年に明治政府による琉球処分断行で廃されるまで、十九代四百余年、存続した。東アジアでは李氏の朝鮮王朝五百余年に次ぐ長期政権であった。

では第二尚氏とはいかなる王朝だったのか、見ておこう。まずはじめに、琉球王国の版図を確定したことである。北は奄美の喜界島《きかいじま》から南は宮古、八重山に及ぶ範囲である。王国の版図では首里の名のもとに発給された辞令書でもって、役人や神役のノロ（祝女）などが任じられ、領地や俸禄が給された。つまり中央集権的な国家体制の確立のため官人組織、神女組織などが整備されていったことである。と同時に租税の徴収体制も整えられ、地方支配体制の整備も進められた。

さて第二尚氏の王朝は第一尚氏代を引き継いで、交易国家として繁栄したが、十六世紀後半には王国を取り巻く交易環境の変化について行けず、激動する東アジア情勢の中、交易の不振、国力の衰退を招いていった。どん底の琉球に攻め込んだのが薩摩島津氏であった。

ところで島津氏の支配を通じて幕藩体制の下に組み入れられた時代の王国を「近世琉球」と呼び、それ以前のグスク時代から島津侵入までの時代を「古琉球」と呼び慣わしている。本章では第二尚氏王朝の成立から島津侵入までについて概観する。

まずは第二尚氏の初代金丸についてである。金丸は永楽《えいらく》十三（一四一五）年父尚稷《しょうしょく》の長子として伊是名《いぜな》島に生まれた。伊是名島には金丸の生誕の地とされる御臍所《みほそじょ》や産湯を使った井泉、さらに所有の水田とされる逆田《さかた》など金丸にまつわる多くの史跡が残されている。

ところで金丸は二十四歳の時、人々の迫害を受けて島を追われたという。日照りが続く中、金丸の田だけは水の涸れることがなかったことから、水泥棒の疑いをかけられ、妬まれ、故郷を追われたとされているのである。たどり着いた国頭《くにがみ》の宜名真《ぎなま》でも同様に誤解を受け、迫害されてその地を逃れ、二十七歳で首里に上った。首里では当時越来《ごえく》王子であった王叔の尚泰久《しょうたいきゅう》に仕えた。やがて尚泰久の推薦を受け、尚思達《しょうしたつ》王に仕え王府役人としてのスタートを切った。その後、尚金福《しょうきんぷく》、ついで尚泰久、尚徳と都合四代の王に仕えている。

この間、尚金福没後には「志魯《しろ》・布里《ふり》の乱」の王位継承を巡る王子と王弟の抗争があり、尚泰久の代には王舅《おうきゅう》と王婿《おうせい》を巻き込んだ「護佐丸《ごさまる》・阿摩和利《あまわり》の乱」が起こっていた。尚泰久、尚徳代には奄美の大島、喜界島への遠征もあった。第一尚氏は王位を巡る抗争と対外遠征に明け暮れた政権であった。この中で金丸は着実に実力を養っていた。しかし二十一歳の若き暴君尚徳王の登場で、先代以来の重臣金丸はしばしば諫言するも容れられず、王に疎まれ、遂に領地の西原間切《にしはらまぎり》内間《うちま》に隠遁した。

尚徳が二十九歳で薨《こう》じると、世子を後継とするための首里城の中心部「御庭《うなー》」での群臣会議で、突然白髪の老人が「先王尚徳は暴君であった、世子を廃して、御鎖側《おさすのそば》(金丸)をこそ王にたてるべき」と声高に叫んだことから、居並ぶ衆人も皆賛同の声をあげた。恐れおののいた王侯、貴族は我先にと逃げだし、王妃や乳母は世子を擁して下の御庭の真玉城《まだまぐすく》に隠れていたが、兵に見つけだされて殺された。その後重臣達は内間の金丸の下に赴いて、王位に即くことを懇願した。金丸は固辞したが、再三再四の懇請に負け、遂に首里に上り王位に即いた。第二尚氏 尚《しょう》円《えん》王の誕生である。

以上が琉球の正史である『中山世鑑《ちゅうざんせいかん》』や『中山世譜《せいふ》』などの記す尚円の物語である。伊是名の時代、日照りでも田の水が涸れなかったことなどを聖徳の表れとし、きっと先王の末裔であろうとしている。でなければどうして北辺の小島から出て、王位に即くことがあろうか、としているのである。

用意周到のクーデタ

さてここで、以上の尚円の話について少しばかり検証してみよう。まずは石もて故郷を追われた話である。もとより有能で高徳の人であったとされる金丸が、島人との宥和も図れなかったとされているのはどうだろう。人々の誤解も晴らせず、かばってくれる人もなかったのだろうか。

そうではなかろう。伊是名から出て、王位にまで昇った金丸は尋常な人物であっては困るのである。先王の末裔といった特別な人間でなければならない。単に有能な人間で首里に上ってついには王になった、では王位を簒奪《さんだつ》したことになる。そうではなく、何らかの理由で島に落ちていたが、先王の末裔という特別な存在であり、島は本来の居場所ではない。金丸の真価を理解できない島人に追われることによって、本来の場所である首里に到り、舜天《しゅんてん》あるいは英祖《えいそ》の末裔として相応しい地位である王位に即いたのだ、といいたいのであろう。

しかし、金丸が王位に即いて後、島の近しい親族が島の役人や女神官に任じられている。また島出身者が何人も王府の役人に任じられていた(蘇姓、孟姓、和姓の始祖など)。これらのことを考えると、島には金丸の理解者、協力者が相応にいたことになる。金丸は島人と対立していたのではなく、協力関係にあったのではないだろうか。

次に金丸の力の源泉、つまりクーデタの成功はいかにして準備されたかである。

正史では、金丸は重臣たちに推されて王位に即いたとされるが、その実態は金丸のクーデタだったのではないか。

金丸の勢力拡大は尚泰久に仕えていた四十五歳の時、「御物《おもの》城《ぐすく》御鎖之側《おさすのそば》」職に抜擢されたことが大きいだろう。『琉球国由来記』などは、近世の「御物城」（那覇の行政、薩摩の在番奉行との応対）と「御鎖之側」（王府の重臣会議世話役―内閣官房長官といったところか）職を兼務した、と解釈している。

しかし往時の類似の職名やその職務からすれば、「御物城の御鎖之側」であろう。那覇港中に浮かぶ「御物城」はかつて「宝庫」と記された海外交易の倉庫であり、拠点であったと考えられる。「御鎖之側」は文字通り鍵の側役つまり金庫番で、海外交易を管掌する役目だったと考えられるのである。金丸は同職に就任することによって、海外との交易はもとより外交にも関わりをもったはずである。

国内的には久米《くめ》村人はもとより、首里、那覇の有力者とも日本との外交に携わる首里の大寺院の僧侶たちとも緊密な関係を築いたはずである。そうした人脈とこの間に蓄積したであろう経済力こそが尚徳没後のクーデタの成功に繋がったのではないだろうか。

金丸政権成立の前後、国内的に反金丸の動きはほとんど確認されない。また対外関係にも変化はない。中国、日本他へ派遣される人員にも政権交替による影響は見られない。首里、那覇の役人、久米村人、寺社の僧侶など各勢力と王権の関係はいささかも揺らいでいないのである。この事は金丸のクーデタによる政権奪取が各勢力の協力、あるいは了解を得ていたであろうことを想定させる。金丸は周到に準備を進め、尚徳の薨去《こうきょ》を機に一気に事を成就させたのである。あるいは尚徳の死さえもと思わないでもないが。

ところで金丸は、王位に即くと尚円と号した。ついで明朝に故王尚徳の薨去を告げ、尚徳の世子として自らの冊封《さっぽう》を願った。一四七二年明の成化《せいか》帝は冊封使を派遣して尚円を冊封、琉球国中山王に封じた。ここに第一尚氏から第二尚氏へと琉球の王権が移行したが、明朝に対してはあくまで父王から世子への継承であり、第一も第二もなく尚氏として一貫していた。

二十九歳の故王の後を五十六歳（冊封時は数え五十八歳）の世子が嗣ぐ、という矛盾に明朝は全く気づかなかったかにみえる。あるいは知っていても形式さえ整っていれば良かったのかも知れぬが。しかし、冊封を願う際に、世子は確かに前王の子であるとする臣下の保証書の提出が、尚円の孫尚清《しょうせい》の冊封時から義務づけられる。摂政、三司官以下王府の高官や退官した高官数十名が署名捺印した書状（結状《けつじょう》という）の提出が必要とされるようになっていくのである。これが尚円の冊封と関わるか否か、何が契機となったのかは分かっていない。

黄金時代の到来

尚円金丸の治世は七年で幕を閉じた。一四七六年のことである。王府を構成する各勢力に支えられていたためほとんどの施策が第一尚氏を踏襲したものであった。ある意味当然の結果だともいえよう。王国の変革は第三代尚真の登場を待つことになるが、その前に二代尚宣威《せんい》がいる。尚宣威は金丸の弟で、伊是名出奔以来、兄に随い行動を共にしてきたとされる。尚円没後、世子尚真が未だ幼かったため王位を継いだが、僅か数カ月で退位し、隠遁したとされている。

正史は首里城での即位を祝う式典で、神女たちが尚宣威ではなく、傍らに控えた幼い尚真を神意として祝福したから、と記している。これについては尚円妃で尚真の生母である「オギヤカ」の企み、つまりは神女達の属する御内原《おうちばら》の支配者である王妃が尚真の即位を画策したものとするのが大勢である。ついで言うと、尚真の妃は尚宣威の娘（居仁《きよに》）であったが、居仁の生んだ尚真の世子尚維衡《いこう》は、八歳にして父王尚真の造営した王家陵墓の玉御殿《たまうどうん》（玉陵）への被葬資格を失っていた。玉陵の庭に建立された碑文には被葬資格者として、尚円以下妃のオギヤカ、尚真とその子ども達の名が刻まれ、その刻銘者とその子孫だけが玉陵に葬られる資格があると記している。

しかしそこには尚真の嫡子である尚維衡の名は無いのである。無いどころか尚維衡は結局、嫡子の資格を失い、王位を継ぐことも無かったのである。

廃嫡の理由はどこにも記されていない。ために多くの説が取りざたされているが、那覇の有力者だった呉姓一族に残る史料によると、尚真夫人の華后から懐に蜂が入ったから取ってくれるよう頼まれた尚維衡が胸元に手を入れたところ、華后が突然悲鳴を上げて騒ぎだした。この華后の「衣蜂の計」にまんまとはまった尚維衡は父王の怒りを買い、処刑されることとなったが、なんとか死罪は免ぜられ、浦添に蟄居させられた、とする話が知られている。

尚維衡何歳の時の話か不明だが、玉陵碑では八歳の段階で外されているのであり、それが原因とすると八歳の子のしたことに対する反応、制裁としてはなんとも異常であり、納得できる話ではない。「衣蜂の計」は後代の創作の域を出ないと考えていいであろうが、玉陵碑からの除外、廃嫡は祖父である尚宣威、その娘の居仁の血筋の排除だったのではないか、とみる説が有力である。

その立役者もオギヤカとされる。そこまでの執念がどこから生まれてきたのか不明だが、一時でも王位を奪われた、奪った尚宣威への凄まじい怨念だったのだろうか。尚宣威の血筋を徹底して排除せんとしたのは明らかであろう。玉陵に葬られて当然と言える、一度は王位に即いた尚宣威、尚真の正妃の居仁、尚真の嫡子たる尚維衡は碑文からも玉陵からも除外されているのである。

さて、第三代の王尚真は成化十三（一四七七）年に十三歳で即位し、嘉靖《かせい》五（一五二六）年に薨去するまで五十年も王位にあった、歴代最長の在位記録を持つ王である。ただ単に長く王位にあったというだけでなく、古琉球期の琉球王国を確立したという点で、琉球の黄金時代を築いた希有の王として高く評価されている。

因みにその治績をあげると、

①按司《あじ》の首里集居——各地の按司を首里に集め、地方には按司に代わって按司掟《うっち》を置いて管理させる。
②間切、シマの設置——地方区画の確立。
③八巻《はちまち》の制——官人の序列の整備。
④聞得《きこえ》大君《おおきみ》以下ノロなど神女組織の確立。
⑤アカハチの乱の鎮圧——宮古、八重山の支配権の確立。
⑥首里城の整備——正殿に百浦添欄干《ももうらそえらんかん》設置、正殿前に龍柱設置、歓会門《かんかいもん》他アーチ門の建造。
⑦王家陵墓の玉陵の造営と菩提寺円覚寺の創建。
⑧王城から那覇港に延びる真玉《まだま》道など幹線道路の整備。
⑨辞令書の発給——官人制度の整備。

など多岐にわたる。要約すると、琉球王国の範囲を確定し、国内の統治体制——中央、地方の制度や役人の叙任、知行《ちぎょう》の宛がいなどを確立し、祭祀に関わる神女組織も確立したこと、首里城の増改築をはじめ玉陵、円覚寺の創建などとなろう。

尚真の治世の五十年は諸制度の整備、大規模工事の推進が特徴的であった。第一尚氏代からため込んだ資産をふんだんに使って大型土木工事を行った。官人制度の整備などでも八巻（冠）や衣裳を揃えることなどに、また石垣島を拠点に首里に背いたアカハチの討伐でも国庫の財が投じられたであろう。多くの国家的事業が展開しえたのはそれだけの国庫の資産があったからといえる。

貿易国家の衰退

しかしそれは無尽蔵ではない。尚真の時代、中国への進貢船《しんこうせん》の派遣は初っぱなから問題に直面していた。従来はほぼ毎年あった進貢が二年一貢とされたからである。尚円代の進貢時のトラブルによる決定であった。正徳《せいとく》帝の代一年一貢が復活するが一時的で結局二年一貢がその後の定制となっていった。

この時期、進貢の貢期の制限とともに中国に派遣される進貢人員の制限も通達された。同時に北京に上る人員も大幅に減少を命じられていた。これは進貢貿易の規模縮小を意味しているが、東南アジア諸国との貿易も減少傾向にあった。

海外貿易は第一尚氏の尚巴志《しょうはし》代がピークで次第に退潮に向かい、尚真代はかろうじて何とか持ちこたえているといった状況であった。このため尚真は従来の海外貿易一辺倒ともいえる国家の体制を見直し、国内の農業生産にも目を向けるようになっていた。それが国内体制の整備、地方支配、官人秩序体制の整備などに繋がっていったと考えられる。

王国の貿易に乗っかって利益を上げ、王府との一定の距離を保っていたと考えられる渡来中国人である久米村人であるが、尚真の晩年、首里、那覇人と同様に王国内に領地を持つ者が登場してくる。これは久米村人が王府の家臣団に編成されていく過程であろうと考えている。貿易の利の減少を領地からの収入で補おうとしているのだろうが、結局のところ王府に取り込まれていくことに他ならないのである。

尚真代が終わり、尚清、尚元《しょうげん》代へと続いていくが、十六世紀半ばを過ぎると、明朝の海禁策が緩和され、従来にも増して多くの中国商人が交易へと乗り出してくる。戦国時代に突入した日本も大名らの地域支配の弛緩などもあって、堺や博多の商人が海外へと雄飛していった。そして南海上にはポルトガル、スペインの勢力が姿を現し始めていた。

琉球王国の海外交易は風前の灯火であった。強力なライバルの出現になすすべ無く国際舞台から下りざるをえなかった。一五七〇年暹羅《せんら》（現在のタイ）への遣船を最後に東南アジアへの王府の貿易船の派遣は見えなくなる。今や琉球は明朝への進貢と日本との交易を細々と展開するだけとなった。

この頃長く友好関係を保っていた島津氏が、戦国大名として軍事力を高め、琉球に対して次第に高圧的になっていった。豊臣秀吉の九州進出、島津氏の惨敗、ついで秀吉の朝鮮出兵と続くなか、島津氏は自らの要求、秀吉の要求を琉球に押しつけてきた。中国冊封体制下の朝貢国である琉球は、朝鮮を侵略する秀吉の命に半ば随いつつ割り当てられた兵糧の半分だけを納め、一方で関白秀吉の情報を明国へと流し続けていた。

徳川幕府の成立を受け、琉球への不信感を強めていた島津氏は、幕府の意を汲む形でいよいよ積年の宿願であった「琉球入り」を決行することとなる。

第五章

Chapter 05

琉球王国の終わり

識名園
しきなえん
＊那覇市真地
琉球王家最大の別邸で、国王一家の保養や冊封使など外国使臣を接待するために、十八世紀の終わりごろ造営された。赤瓦屋根の御殿前には、芝園から続く「心字くずしの池」が配置され、この周りを散策しながら楽しむことができる「廻遊式庭園」となっている。去る大戦で壊滅的打撃を受け、戦後復元。国の特別名勝に指定され、世界遺産の一つでもある。

察度王統以来、海洋国家として東南アジアの海や東シナ海を縦横無尽に駆け巡り、独自の歴史と文化を築いてきた琉球王国。だが、十七世紀初頭、薩摩藩の侵入を受け王国の自主独立性は奪われ、それ以降琉球王国は、中国、日本という二つの大国の間で、きわどい政治・外交を強いられ、かろうじて王国としての体面を維持してきた。しかし、時勢はそれさえも許さなかった。一八七九年三月、時の明治政府は、廃藩置県（琉球処分）を断行し、琉球を日本の一県に組み入れ、琉球王国の歴史に終止符を打った。

薩摩に狙われた宝の国

Shurijou Kanraku

首里城陥落《しゅりじょうかんらく》

尚真《しょうしん》王は、琉球王国の黄金時代を築きあげたが、大きな不安要素も内包していた。十六世紀初頭、スペインやポルトガルなどのヨーロッパ勢が東南アジアへ進出。同時に明の海禁政策が緩み、中国や日本の商船も同地域へ頻繁に出入りするようになり、琉球側には彼らに対抗する力がなく撤退を余儀なくされた。これで琉球の対外貿易は中国だけを残すのみとなった。舟楫《しゅうしゅう》（船と櫂）を以って東南アジアを駆け巡った大交易時代の終焉である。

尚真王のあと尚清《せい》王→尚元《げん》王→尚永《えい》王→尚寧《ねい》王と続くが国力は弱体化の一途を辿る。尚寧王二十一（一六〇九）年三月、徳川家康の許可を得た薩摩島津軍が琉球に攻め込んできた。

樺山久高《かばやまひさたか》を大将、平田《ひらた》増宗《ますむね》を副大将とする三千人余の薩摩島津軍は、薩摩半島の南端・山川港から軍船百艘を出し、琉球攻めへと向かった。

琉球攻めの口実は琉球の漂流民を救った徳川家康からの来聘要求に応じなかったため。しかし、薩摩側の真の狙いは、琉球貿易の独占と領土拡張の野心だった。薩摩の財政は度重なる戦乱により疲弊しきっていた。

奄美、徳之島を制圧した薩摩島津軍は、沖縄本島北部の運天《うんてん》港に上陸し、海、陸から琉球軍を鉄砲や槍、刀などで攻撃。長年平和が続いた琉球軍側は、歴戦の勇士・薩摩島津軍の鉄砲の前にはなす術を知らず、わずか七日間で首里城は陥落した。

琉球に圧勝した薩摩島津氏は、掟十五カ条なるもので琉球王府を縛りつけ、琉球王国を完全な支配下に置いた。これを境に琉球は、幕藩体制下に組み入れられた。王国の独立は認められたものの、その後琉球は、中国と薩摩の顔色を窺いながら政治・外交の舵を取ることになる。

→ **大和浜**

やまとばま

＊恩納村字山田

薩摩の軍船が座礁した海。現在は高級リゾートホテルのビーチ。マリンレジャーの海が広がり、戦地だった往時の面影を見ることは出来ない。コバルトブルーの海上をレジャーボートや遊覧船が行き交う風景は、楽園そのもの。

← **比屋根坂**

ひやごんびら

＊恩納村字仲泊

薩・琉軍の戦いで、激しい戦場の一つだったと伝わる。坂の上には琉球の軍勢、下には薩摩の軍勢が陣取り、琉球の軍勢は弓矢を射かけたり、石を投げたりして応戦したが、薩摩軍の鉄砲の前には、なす術もなく南へと退却させられた。

金城町《きんじょうちょう》石畳道《いしだたみみち》

＊那覇市首里金城町

首里城の建つ台地の南側斜面にあり、金城町の大通りから、さらに南の金城橋（かなぐすくばし）に下る三百メートルの石畳道。周辺には赤瓦の民家や村屋（むらやー、現在の公民館）が建ち並び、古都を偲ばせる情緒が漂う。石畳道のすぐ近くに、鬼餅伝説で知られる、内金城御嶽（うちかなぐすくうたき）がある。境内には樹齢二百〜三百年のアカギの大木（六本）が林立し、その空間が、旅人を涼しく、時には暖かく迎えてくれる。

喜名番所跡《きなばんじゅあと》

＊読谷村字喜名

番所とは、王府時代、間切（現在の市町村）の行政の拠点となった役場で、首里王府と各間切との緊急文書を伝達する機関。喜名の番所は沖縄本島の中部の西海岸に位置し、首里王府の主要な役割を果たした。番所の始まりは、尚巴志時代と伝えられる。写真の建物は二〇〇五年一月に復元されたもの。

富盛の石彫大獅子《ともりのせきちょうおおじし》

＊八重瀬町字富盛

富盛集落の高台、ジリグスク（勢理城）に鎮座する火返し（ひーげーし、防火）の獅子（シーサー）。三百年以上も前に作られ、この種のシーサーでは最も古く、シーサーの原型ともいえる。昔、富盛村はしばしば火災に見舞われた。村人が風水師に見せたところ、向かいの八重瀬嶽に向けてシーサーを作ればよいとのことだったので、そのように設置した。シーサーを安置したあと火災は発生しなくなったという。

日本開国の橋頭堡になった琉球

Perry rairyuu

ペリー来琉《ぺりーらいりゅう》

十九世紀に入るとフランス、イギリスなどの外国船が頻繁に琉球へ寄港するようになった。当初、琉球に対し貿易や布教の要求はなかったが、一八五三年五月に米国東インド艦隊を率いて那覇に寄港したペリー提督は、琉球王府に無理難題をふっかけてきた。

ペリーは日本遠征の目的（燃料、物資などの補給地の確保と交易のための開国要求）を達成するため、その中継基地として、燃料貯蔵施設の設置、乗組員に尾行をつけさせないこと、乗組員に必要物資を売ることなどを琉球王府に要求してきた。

琉球王府はペリーの要求を拒絶するが、ペリーは王府の抵抗を強引に押し切り、二百人余の兵と軍楽隊を従えて、首里城に乗り込んだ。

ペリーは那覇に五度寄港したが、一八五四年三月の日米和親条約締結後、那覇へ寄港（三回目）した六月のある日、思わぬ事件が発生する。

遠征隊員ウィリアム・ボードが酔いにまかせて、那覇東村の民家に侵入し、機織りの老女に乱暴を働いた。騒ぎを聞いてかけつけてきた住民たちに、石を持って海岸まで追われたボードは、ついに海に突き落とされ溺死してしまう。

事件を知ったペリーは、激怒し、王府に対し、真相究明と犯人の処罰を要求。アメリカ側の立ち会いの下で裁判は開かれたが、アメリカ側は「こんな老女に乱暴をするはずがない」と弁明、これに対し王府側は「ボードは酔っていたし、老若の区別がつかず、また老女は年よりも若く見えたので、欲情して乱暴を働いたのだろう」と主張。

裁判の結果、主犯一人は八重山へ一生の流刑、従犯六人は宮古へ八年の流刑となった。ところが王府側は刑の執行はしなかったようだ。

→ 泊外人墓地
とまりがいじんぼち

＊那覇市泊

「オランダ墓」とも呼ばれている。写真奥方向は泊港で、古くから琉球と外界を結ぶ主要港であった。

那覇市泊《とまり》に外人墓地がある。この墓はオランダ墓とも呼ばれ、中国人、アメリカ人、イギリス人、フランス人、スウェーデン人など二十数名の英霊が眠っている。交易や布教のために琉球を訪れ、志半ばのままこの地で果てた外国人たちだ。

酒を飲み婦女に乱暴を働いたあのウィリアム・ボードも、泊外人墓地に手厚く埋葬されている。

沖縄に「イチャリバ、チョウデー」という諺がある。会えば皆兄弟という意味で、泊外人墓地が敵さえも祭り国際色が豊かなのは、このようなウチナーンチュの寛容な精神の表れであろう。

泊外人墓地の西側に「ペルリ提督上陸之地」の石碑が建っている。この石碑に次のようなペリーの言葉が記されている。

「琉球人の繁楽を祈り、且つ琉球人とアメリカ人とが常に友人たらんことを望む。一八五三年六月六日、大美御殿における招宴席上のペルリ提督挨拶」

それから九十二年後の一九四五年四月、米軍が沖縄本島へ上陸。琉球の山、森、川、人を焼きつくし、首里グスク、座喜味《ざきみ》グスクなどのグスクを破壊、斎《せー》場御《ふぁう》嶽《たき》にも艦砲弾を撃ち込んだ。結果、沖縄は米軍に占領され、今でも米軍基地は沖縄の地にどっしりと腰を据えている。

琉球王国の物語はいよいよ最終章に入る。

一八六八年に成立した明治政府は近代化を旗印に富国強兵策を推し進め、その一環として中央集権の確立、殖産興業を目指した。この北の荒波が琉球王国にも押し寄せてきた。廃藩置県である。沖縄では俗に「琉球処分」という。

琉球王国の最期

一八七二年九月、琉球王国は勅命により、琉球藩に改名させられた。琉球処分の幕開けである。琉球藩の諸制度を解体し、日本に帰属する沖縄県の設置すなわち「廃藩置県」（琉球処分）の方針を固めた明治政府は、内務大丞・松田道之を琉球処分官に任じ、琉球へ派遣した。松田は都合三度来琉し、政府の処分命令を伝えるが、藩王府側は、王国の維持だけを主張、嘆願するのみだった。執拗な嘆願に松田は説得をあきらめ、三度目に来琉した七九年三月、ついに軍隊と警官を率い、武力行使をちらつかせ、首里城内において、藩王府に琉球藩を廃し沖縄県を設置する、いわゆる「廃藩置県」を通達し、強行した。これで、第二尚氏王統は十九代四百十年で滅び、琉球初の統一王統・第一尚氏王統から四百七十年以上続いた「琉球王国」の歴史は幕を降ろした。

守礼門の落日

しゅれいもんのらくじつ

＊那覇市　首里城公園内

琉球史概説　その五

最悪に近い統一シナリオ

Text by Dana Masayuki
田名真之

薩摩侵攻

一六〇九年三月、薩摩の島津氏は琉球王国に侵攻した。百余隻、三千の兵で攻め込んできたのである。戦国大名として多くの合戦を経験してきた薩摩軍の前に、琉球の軍事力はほとんど無力であった。

王国の軍備は王城と那覇港の防禦が中心で、一旦事あるときの動員体制など古琉球期には一応の整備はなされていた（真玉湊《まだまみなと》碑文や屋良座杜城《やらざむいぐすく》碑文など――いずれも十六世紀前半の尚真《しょうしん》王代）。それと交易国家として進貢船《しんこうせん》など多くの船舶を運営していたため、海賊への備えは怠らなかった。王城警備と進貢船警護のために乗り込む武装した集団は、同一組織が輪番で対応していたと考えられており、それは「引＝ヒキ」と呼ばれた。「勢遣富《せいやりとみ》」「雲子《くもこ》富《とみ》」など古琉球期には十六引があり、各々の引は二十数人で構成されていた。

この引を常備軍と考えると王国の通常の兵力は三百人余だったことになる。せいぜいが海上で海賊との交戦の経験しかない王国の兵にとって、百戦錬磨の薩摩軍と渡り合うことなどできるはずもなかった。もとより首里王府に戦う気はなかった。自らの軍事力を弁《わきま》えており、はじめから話し合いで和睦を図ろうとしたのである。

薩摩軍が奄美大島に到った際、王府は、沖縄島北部の今帰仁《なきじん》で和議を行うべく国相菊隠《きくいん》らを使者として派遣していた。薩摩側は菊隠らの申し出を拒否、和議は那覇で行うとして進軍した。大島や徳之島、今帰仁、読谷《よみたん》、浦添《うらそえ》などで小規模の衝突はあったが、薩摩軍は破竹の勢いで首里、那覇に迫った。浦添から首里にはいる太平《たいへい》橋では、橋詰めで防禦する王府軍に薩摩側は鉄砲を射かけ、王府軍は怪我人を抱えて王城へと退散していた（「喜安《きあん》日記」）。王城への籠城を余儀なくされていた王府は、那覇での和議を経て、首里城を明け渡し、尚寧《しょうねい》王も城を出て世子宅へと入った。首里城を接収した薩摩側は城内の宝物、調度類を戦利品として洗いざらい押収し、梱包して那覇に運び、薩摩へと送り出した。さらに尚寧王はじめ三司官二人（一人は王城の差配として残した）など多くの重臣を鹿児島へと連行した。

ところで薩摩の琉球侵攻は、江戸幕府の許可を得たものであった。幕府は、琉球船を救助して乗員の送還を薩摩に命じるなど、琉球への配慮を示した上で、度々来聘を促していたが、王府は言を左右にして応じることはなかった。幕府は秀吉の朝鮮出兵で途絶えている中国明朝との交易を再開すべく、直接間接に明朝側と接触、交渉していたが、その手立ての一つとして琉球の仲介を期待したのである。幕府の招聘は薩摩を通じて行われたが、漂着船のことなど恩義ある幕府の招聘に応じないのは無礼であるとして、薩摩は琉球への侵攻を進言、許可をえた。

ところで薩摩側は、十六世紀後半の島津義久による九州平定も秀吉の九州征伐の前に完敗し、元の三州へと戻され、朝鮮出兵、さらに義久の弟義弘の関ヶ原での敗北と合戦に次ぐ合戦で藩の財政は窮乏していた。時は江戸幕府の時代、すでに戦国の世ではない。領土は確定しているのであり、他国に兵を動かすことなど出来ようはずもない。唯一領土の拡大が可能なのは、南の琉球だけであった。

そのころ薩摩は藩内に大きな三つの勢力が存在していた。加治木の義久、国分の義弘、そして現藩主の鹿児島の家久――義弘の子である。各々が相応の領地を持ち、家臣団を擁していた。藩主家久であっても加治木の田地を検分する権限はなく、申告を受け入れるしか無かったのである。家久は琉球侵攻を機に藩内の一円知行体制を確立しようとした。琉球への出兵も三勢力合同であったが、戦費や兵員の割り当てなどを名目に田地の検分を行い、多くの未申告の田畑、過少申告の田畑の存在を暴いたのである。

さて、薩摩は琉球侵攻に際して、琉球の軍事力の把握や王府の対応を予測出来ていなかったようである。王城に籠城して抵抗されたら、島々の主立った者を捕虜として連行するようにと、出陣の際に命じていた。長期の合戦は想定されておらず、短期決戦で攻め落とせなければ早々に撤退するとしていたのである。それが首里王府は戦う気など無く、初っぱなから和議を申し込んできたのである。薩摩側は大いに面食らったはずである。さすがに今帰仁で和議に応じては、王府を全面的に屈服させたことにならないし、また得るものも少ないと判断したのであろう。結局その判断が王城明け渡しに繋がったのである。

薩摩の琉球支配

薩摩の侵入を受けて、鹿児島へと連行された尚寧はその後、島津家久に伴われて駿府で大御所の家康、江戸で将軍秀忠に謁見した。幕府は尚寧を一国の王として遇し、丁重に持て成した。家久は琉球を自らの領地にと望んだが、幕府は琉球王国の存続を指示した。先述の通り、幕府は琉球に対中交易の橋渡しを期待していたのであり、王国を存続させる必要があったのである。

尚寧一行は一六一一年秋、帰国が許され二年半振りに琉球へ戻った。帰国に際して二度と薩摩に背かず、法度に従うとする「起請文」への署名を強要されていた。この間に薩摩は琉球全域の検地を実施して、奄美を除く琉球の石高を八万九千八十六石とし、そのうち五万石を王位の御蔵入り、残りを家臣に配分とする知行目録を尚寧に与えた。奄美諸島は薩摩が割譲、領有するところとなった。

薩摩の琉球支配は、一六一一年の「掟十五条」の布達以降、多くの法度を布達して法の整備を行い、租税徴収や海外交易について規定した。当初、租税として徴収を命じられたのは、芭《ば》蕉布《しょうふ》三千反、上布《じょうふ》六千反、下布《かふ》一万反、牛皮二百枚などの特産品であった。ところが琉球側は調達することが出来ず、翌一二年には数量と品目が変更されたが、それでも対応できなかったようで、一三年には代銀三十二貫目となった。その後一七年には代銀制を止め、石高一石につき出銀八分となり、一六三五年には一石につき出銀三匁に改定された。その銀納も結局は続かず、米納を基本として一部特産品での納税となっていった。

この租税徴収での特に初期の混乱は、検地を行った上での租税負荷だったにもかかわらず、薩摩が琉球の実情を把握していなかったことの証左である。つまり薩摩は、侵入後の琉球経営についてのプランを持っていなかったのである。

当初の薩摩が幕府に願い出た計画は、琉球に圧力をかけるために大島を攻め取る、というものであった。大島領有は計画の内であったが、琉球への侵攻は幕府の意向であり、長期にわたる占領など思いの外だったのであろう。薩摩の琉球支配は手探りの中、進められていったのであり、琉球側も薩摩の出方を見ながらの対応となっていた。琉球の対明交易への薩摩の介入、便乗は委託貿易という形で行われ、琉球側に資銀を託して注文品を購入させるものであった。当初は薩摩自ら対明貿易を行うつもりでいたものが、幕府の鎖国政策の強化によってその道が断たれたため、やむを得ず琉球の貿易に便乗となっていた。

近世の琉球は薩摩を通じて、幕藩体制に取り込まれていた。鎖国令やキリシタン宗門改めなどは琉球にも及んでいた。しかし一六四〇〜五〇年代、清朝の成立は、琉球の立場を微妙なものとした。薩摩、幕府は琉球が明朝代と同様に清朝の冊封《さっぽう》を受けるとなると、いずれ清朝は琉球を橋頭堡《きょうとうほ》に日本を攻めるかも知れないと恐れたのである。ために琉球の対中関係を絶つべし、とする意見や琉球に派遣されてくる清朝使節が弁髪の強要など清朝の風俗を強いることがあると、仮にも琉球は薩摩の下知をうけており、日本同然なのだから、結局は日本の恥辱となり断じて容認できない、武力をもってしても追い払うべきなどと薩摩、幕府で意見が交わされていた。しかし清朝に日本侵攻の意図がないと判断すると、仮に琉球への弁髪要求があれば容認してもいいとする方向へと変わっていった。琉球は日本にとってもとより異国だからである。

琉球使節の江戸上り

薩摩侵入後、琉球は石高制の導入をはじめ、幕府、薩摩の法令や指示にそって、日本化を強いられ、日本へのすりあわせが求められた。首里王府もそのつもりで、古琉球的慣習その他、行政も社会も近世的合理性に則って改革を進めていた。ところが幕府は、十七世紀後半、大君外交の構築を目指し、朝鮮通信使の来聘、長崎のオランダカピタン（商館長）の江戸参府を進めた。琉球使節の参府（江戸上り）もその一環であった。となると琉球はより異国的であることが望まれたのである。将軍の代替わりと琉球国王の代替わりに際して行われる琉球使節の江戸上りは、島津藩主の参勤交代に随って行われた。異国の衣裳を身にまとい、異国の音曲を奏しながら江戸へと向かう琉球使節の存在は、引率する薩摩の権威を高め、その薩摩を随える幕府の権威を高めるものとなった。

国内の諸藩のみならず、朝鮮もカピタンも異国琉球も大君（将軍）の威光を慕って来朝し、江戸までの長い道のりを旅するのである。使節の行列の行く街道や市中には多くの見物人が出て、幾種類も出る瓦版を手にしながら、滅多にないイベントを楽しみ、将軍様のご威光はたいしたもんだ、となるように演出したのである。

琉球は大君外交を展開する幕府により十八世紀初頭には「幕藩体制下の異国」と明確に位置づけられた。琉球では十七世紀末から十八世紀にかけて、『中山世譜《ちゅうざんせいふ》』や『琉球国由来記』、『歴代宝案《れきだいほうあん》』など正史や外交文書などの編纂が盛んとなるが、これは琉球が自らを顧みる、自己確認の作業であった。

日本の幕藩体制に取り込まれる一方で、中国清朝の冊封体制下の朝貢国でもある琉球国。日中両大国の狭間にあって、両国と上手に交際して行かなくてはならない小国琉球。王府の為政者たちはそうした琉球の位置を自覚し、王国の経営にあたっていたのである。琉球の王朝文化も、日中両大国との交際を前提に、磨かれていった。たとえば和歌と漢詩、そして琉歌といった具合に、日中の文化を受容しつつ、琉球の独自性も確立させていったのである。琉球での中国的風習もこの時期盛んに導入され定着していく。亀甲墓《きっこうばか》や墓前祭の清明祭《せいめいさい》、父系の同族集団である門中《むんちゅう》制、道教の風習などである。

ところで近世の琉球の経済は、中国との進貢貿易と製糖が特徴である。もとより米作もあり、久米島紬《くめじまつむぎ》、芭蕉布、宮古、八重山の上布や紅型《びんがた》、漆工芸等々もある。がそれらも含め、進貢貿易で調達した絹布や漢方薬材など唐物や生産した黒糖を売り出す市場は薩摩であり、大坂であった。中国に持ち渡る最大にして大量の商品は、薩摩その他を経由してもたらされた昆布であった。製糖のための大きな鍋も、砂糖黍を刈る鎌も、鉄の農具は薩摩の商人が村々に持ち込んでいた。琉球の経済は中国、日本の市場と深く結びついていたのであり、特に日本市場なくしては成り立たなくなっていたのである。

異国船の相次ぐ来琉

幕末期、琉球には多くの異国船が姿を見せていた。琉球にも幕府の鎖国令は及んでいたが、中国との冊封関係など特別な立場もあり、また異国船を武力で追い払う軍事力もないため、来航する異国船に対しては柴薪や水、食料などの要求には応え、できるだけ速やかに出港してもらうことに努めていた。十九世紀初頭に探検のため来航した英国のバジル・ホールの艦隊は、経過してきた中国、朝鮮の印象の悪さもあって、琉球と琉球人を好意的に評価していた。帰国途中、セントヘレナ島に流刑となっていたナポレオンを訪問。ナポレオンが武器のない島琉球の話にすこぶる興味を示した、と記していた。彼の著した『朝鮮・琉球航海記』はヨーロッパで広く読まれ、琉球への認識を深めるとともに誤解も生んでいた。

一八四六年に来琉し八年も滞在した伝道師のベッテルハイムは、結局一人の信者も得ることなく琉球を離れたが、ホールの航海記に記された親切な琉球人などいない、ホールの書はデタラメだと、失意と怒りでホールを批難していた。しかしベッテルハイムの来琉自体が、なかば誤解から始まっていた。

一八四〇年アヘン戦争の最中、参戦中の英船インディアン・オーク号が台風によって中部の北谷《ちゃたん》沖で座礁沈没した。乗員は全員救助され、近くの浜に掘っ立て小屋が建てられて収容された。琉球人は中国語通訳と英語通訳を動員して世話にあたった他、沈没船から多くの品を引き上げ乗員に届けていた。さらに帰国するための船舶を建造し、進呈していた。かろうじて無事だった大型のボートが広東へ救援の要請のため派遣されていたため、救援の艦船が来島した。が琉球側が建造した「琉球丸」へも乗員が乗り組み救援の艦船ともども出港した。この遭難救助事件に関わった人々と、バジル・ホール艦隊の関係者が設立した組織（英海軍軍人琉球伝道会）が、琉球へ宣教師を派遣することになるのである。

遭難者への手厚い保護にもかかわらず一切の経費の請求もしなかった、無償の行為に感激した彼らが、素晴らしい琉球人に唯一欠けていることは、イエス・キリストを知らないことである、異教徒である琉球人に何としてもキリスト教を伝えたい、として派遣されたのがベッテルハイムだったのである。

こうした救助体制は、中国清朝や朝鮮などとの互恵的取り決めを西欧船や日本船にも適用したものであった。漂着船の救助は、王府の命であり、その経費は税の減免などで措置された。

首里王府は英国を後ろ盾とするベッテルハイムを力ずくで追い返すことはしなかったが、その活動は徹底的に妨害した。行く先々に先回りして人々を追い払って接触させず、家々の門を閉じさせた。彼は琉球語の習得を試み、王府に要求して指導者を確保、医者でもあった彼は代わりに種痘《しゅとう》法などを伝授した。語学に天才的な能力を有していたベッテルハイムは、滞留中に「賛美歌」、「マタイ伝」などを琉球語に翻訳していた。琉球語によるビラを作って民家に投げ込むなど、必死の布教活動も成果をあげることはなかった。一八五四年、おりから来島していたペリー艦隊の船舶に便乗して、妻子ともども琉球を後にした。

ペリー来琉

ペリーの艦隊は、一八五三年～五四年に五度琉球、那覇港に来航した。最初は日本に行く前に立ち寄ったもので、浦賀で日本国中を騒然とさせた後、帰途また那覇港に寄港していた。五四年にもまず那覇に来て、それから浦賀へ行き、「日米和親条約」を締結して帰途那覇に到って、「琉米条約」を締結した。この間に大東島探検があり、那覇への寄港は都合五度であった。

ペリーは王府の必死の抵抗も構わず、首里城を強行訪問し、城内の歓迎会に臨んだ。本島あちこちの港の調査を行い、投錨地に適した所がないか探し、陸地でも中部の橋梁や中城《なかぐすく》城趾などの調査をおこなっていた。琉球の特産品の買い上げなど将来の交易のためのサンプルも収集した。

ペリーの本隊が浦賀に出向いている最中に、那覇では「ボード事件」が起こっていた。艦隊の水夫ボードが琉球の夫人を襲ったことから、人々の怒りを買い、群衆に追われて石を投げつけられ、ついには海に落ちて溺死したという事件であった。

那覇に帰還したペリーはボードの非は認めながらも彼を死に至らしめた犯人の引き渡しを要求した。群衆による行為で特定の個人の所行ではない、と困惑する王府はそれでも犯人を見つけなくてはならない。結局スケープゴートをたてることとし、家族の生活の面倒をみるなどの条件を出し希望者を募った。希望者は直ぐに現れた。王府はペリー側に犯人を引き渡す旨、伝えると、意外にもペリーは琉球の国法で裁くようにと伝えてきた。そこで王府は、犯人を流刑にするとした判決文をデッチあげ、ペリー側に提出、了解を得た。これで一件落着である。犯人とされたスケープゴートが直ちに釈放されたことは言うまでもない。

ともあれ、異国船側との交渉事は難儀なことであった。琉球側は原則として何も受け入れるつもりはない。にもかかわらず言葉の上では、持ち帰って上司とも相談してみます、と言い、再度の会談では、国王の母君が病気で上司はその事で手が一杯なので、相談が出来ていない云々、何事も言を左右にのらりくらりの引き延ばし作戦を展開していた。交渉の席に総理官、布政官三人の全員は顔を揃えない、トップ四人が揃っているのに持ち帰って誰と相談するのか、となるからである。

総理官、布政官は摂政、三司官になぞらえた異国船側との交渉のための官職で、按司、親方《うぇーかた》が務めたが、一切の権限はなく、名ばかりの交渉役であった。業を煮やした交渉相手が強攻策に出るに及ぶと、もはやこれまでと受諾するといった塩梅であった。基本的に守るだけの防禦一辺倒の外交ではあったが、琉球のしたたかさをかいま見ることは出来るだろう。

明治政府下の〝琉球藩〟

倒幕の嵐を経て、一八六八年明治政府が成立する。琉球は蚊帳の外ではあったが、薩摩藩が明治維新の原動力の一翼をになっていた関係で、ある程度の動きは承知していた。

そんな中、一八七一（明治四）年、宮古の貢納船が那覇に赴く途中、嵐にあって台湾に漂着、現地人に襲われ五十四人が犠牲となる事件が起きた。

台湾討つべしとの鹿児島県参事らの上申を受けた政府は、日清両属の体裁にある琉球をどうするか決断せざるをえなくなった。翌七二年、鹿児島を通じて維新慶賀使の派遣を命じ、上京した伊江《いえ》王子らに謁見した明治天皇は、尚泰《しょうたい》王を琉球藩王とし、華族に列した。これは琉球国を琉球藩とするもので、今後の廃藩置県を念頭に置いた布石であった。ついで清朝に使節を派遣し、琉球藩民が台湾で殺害されたことに対する責任を追及した。台湾は「化外《けがい》の民」とする清朝の言を受けて、一八七四年、政府は台湾出兵を決行した。現地民は山中に逃げ込み、日本軍とのさしたる戦闘はなかったが、日本軍の撤収を交渉する中で、清朝は今次の日本の出兵を義挙と認めた。清朝からすれば早期撤収を計るためであったが、日本側は出兵が日本国民を守るための義挙であることを清朝が認めたと解釈した。

日本軍は撤収し、遭害者家族への見舞金が清朝から支払われた。事件はこれで決着したが、政府はこれを機に具体的に琉球処分へと取りかかった。琉球藩設置とともに琉球の管轄は薩摩（鹿児島県）から外務省に移されていたが、事件の終結を機に、内務省へと引き継がれた。七五年琉球処分官となった内務大丞松田道之は、琉球に到り、清朝への進貢の停止、日本年号の採用、日本への留学生の派遣などを命じた。

ここに到って琉球側は、政府の琉球藩設置の意図を理解し、必死の抵抗を展開することとなった。上京して各方面へ陳情し、アメリカやフランスなど条約締結国へは独立国琉球を日本が併呑しようとしていると訴えた。また中国へ密航して北京政府への嘆願活動も展開された。明治政府は早々に処分を断行せんとしたが、西南戦争の勃発と中心人物の内務卿大久保利通の暗殺で、遅れを生じた。それでも民権派の政府批判なども喧しくなるなか、一八七九（明治十二）年三月末、政府は処分を断行した。

琉球処分へ

松田は熊本鎮台の分遣隊と警官隊を率いて琉球に到り、太政大臣の廃藩の布告を布達、首里城を接収した。ここに五百年に及んだ琉球王国は廃され、沖縄県が設置された。五月には尚泰が抵抗かなわず上京した。

処分の翌年、日清政府間で分島改約案が議論され、締結寸前にまで到っていた。日本が琉球の一部宮古、八重山を清朝に割譲する代わりに、清朝国内での西洋並みの自由な商活動の許可など通商条約の改定を清朝が認めるというものであった。

日本側ではすべての手続きが完了し、後は清朝の批准を残すだけとなったところで動きが止まった。琉球から北京に嘆願に赴いていた脱清人（脱琉渡清人のこと）たちの必死の訴えの所為だと考えられている。宮古、八重山では王国の復興はおぼつかない、ここで手を打ってもらっては困る、反対してもらいたい、とする訴えである。琉球王国復活のための条約改定のはずが、肝心の琉球人がダメだといっている、として土壇場で批准延期となったのである。明治政府は再三再四、批准を促したが埒が明くことはなかった。

それにしても明治政府にとって琉球は新附の領土に過ぎない存在だったことは明らかである。中国国内での商活動の自由を得るために、いとも簡単に琉球の一部を切り捨てることができるからである。無理矢理琉球を日本に組み入れたかと思えば、今度は琉球人の知らないところで政府は琉球を切り売りしようとしていたのである。もとより日本の一分枝である琉球・沖縄であれば、統一も必然であったが、現実の統一は最悪に近いシナリオとなった。もっとましなシナリオはなかったのだろうか。

そんな明治政府の下、新生沖縄県の激動の近代が幕を開けていくことになる。

参考文献

史料・史料集

- 伊波普猷・東恩納寛惇・横山重編『琉球史料叢書』全5巻　東京美術　1972年
  （第1、2巻『琉球国由来記』3巻『琉球国旧記』4巻 蔡温本『中山世譜』5巻『中山世鑑』）
- 蔡鐸編『中山世譜』沖縄県教育委員会　1973年
- 球陽研究会編『球陽　原文編・読み下し編』角川書店　1974年
- 嘉手納宗徳編訳『球陽外巻、遺老説伝　原文編・読み下し編』角川書店　1978年
- 弁蓮社袋中著・原田禹雄訳注『琉球神道記』榕樹書林　2001年
- 徐葆光著・原田禹雄訳注『中山伝信録』言叢社　1982年
- 島袋源七写本『女官御双紙』（上巻）琉球大学付属図書館仲原善忠文庫所蔵　1950年
- 法政大学沖縄文化研究所編『聞得大君加那志様御新下日記』法政大学沖縄文化研究所　1984年
- 横山重写本『毛氏先祖由来傳』※原本は沖縄戦で焼失
- 横山重写本『異本毛姓由来記・毛氏安里大親由来記』※原本は沖縄戦で焼失
- 法政大学沖縄文化研究所編『沖縄研究資料16、17、19、20　琉球往復文書及関連史料（一）～（四）』
  法政大学沖縄文化研究所　1998－2003年
- 琉球王国評定所文書編集委員会編『琉球王国評定所文書』全18巻・補遺別巻　浦添市教育委員会　1988－2002年
- 和田久徳・池谷望子・内田晶子・高瀬恭子編『「明実録」の琉球史料』（一）～（三）
  沖縄県文化振興会 公文書管理部 史料編集室　2001－2006年
- 沖縄県文化振興会 公文書管理部 史料編集室編『歴代宝案』校訂本第1－8冊、第11－14冊、訳注本第1－3冊、
  第13－15冊　沖縄県教育委員会　1992－2008年
  ※史料編集室の所属は当初沖縄県立図書館、ついで公文書館管理部所属を経て現在に至る
- 池谷望子・内田晶子・高瀬恭子編・訳注『朝鮮王朝実録 琉球史料集成』榕樹書林　2005年
- 外間守善・西郷信綱校注『おもろさうし』（日本思想大系18）岩波書店　1972年

研究書・一般書

- 安里進『グスク・共同体・村』榕樹書林　1998年
- 安良城盛昭『新・沖縄史論』沖縄タイムス社　1980年
- 上原兼善『幕藩制形成期の琉球支配』吉川弘文館　2001年
- 紙屋敦之『幕藩制国家の琉球支配』校倉書房　1990年
- 高良倉吉『琉球王国の構造』吉川弘文館　1987年
- 田名真之『沖縄近世史の諸相』ひるぎ社　1992年
- 豊見山和行『琉球王国の外交と王権』吉川弘文館　2004年
- 西里喜行『清末中琉日関係史の研究』京都大学学術出版会　2005年
- 琉球新報社編『新　琉球史』古琉球編、近世編上、近世編下、近代・現代編　琉球新報社　1990－1992年
- 高良倉吉・田名真之編『図説　琉球王国』河出書房新社　1993年
- 豊見山和行編『琉球・沖縄史の世界』吉川弘文館　2003年
- 安里進・高良倉吉・田名真之・豊見山和行・西里喜行・真栄平房昭『沖縄県の歴史』山川出版社　2004年
- 赤嶺守『琉球王国』講談社　2004年
- 『沖縄大百科事典』（上・中・下巻）沖縄タイムス社　1983年
- 法政大学沖縄文化研究所久高島調査委員会編『沖縄久高島調査報告書』法政大学沖縄文化研究所　1985年
- 文・当間一郎、写真・友利安徳『神々のふるさと久高島』沖縄公論社　1982年
- 宮城栄昌『沖縄のノロの研究』吉川弘文館　1979年
- 新城徳祐『沖縄の城跡』緑と生活社　1982年
- 鳥越憲三郎『沖縄の神話と民俗「おもろさうし」のふるさと考』太平出版社　1970年
- 伊波普猷『古琉球の政治』郷土研究社　1922年
- 新城俊昭『高等学校　琉球・沖縄史』編集工房 東洋企画　1994年
- 外間守善『沖縄の歴史と文化』中央公論社　1986年
- 本恵郷編著『琉球紋章1』琉球紋章館　1992年
- 『シンポジウム南山の歴史―その実相を求めて―』（小冊子）糸満市役所商工労働課　2008年
- 那覇市教育委員会編『那覇市の文化財　平成18年度』那覇市教育委員会　2007年

その他

- 沖縄県史、各市町村史

年表

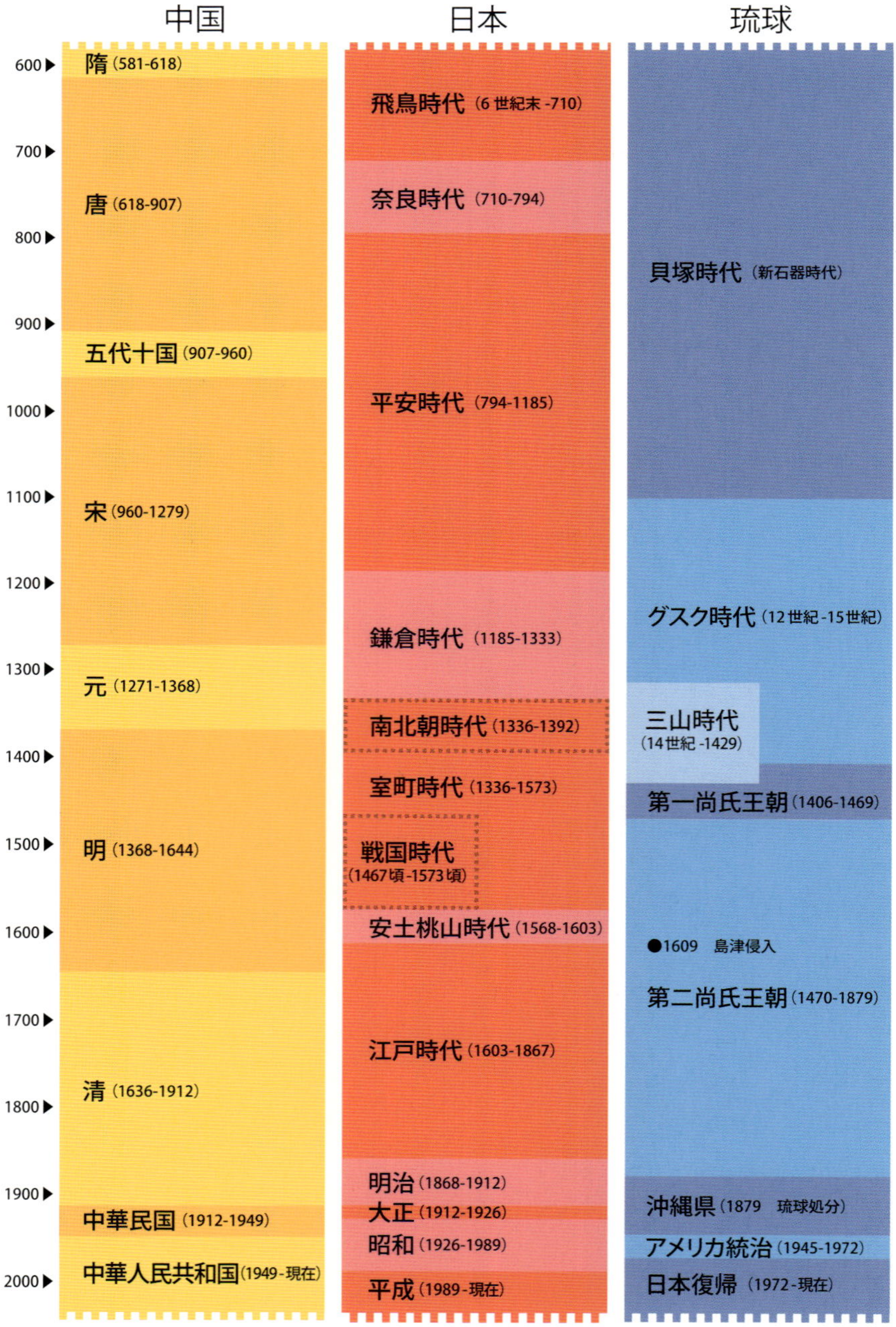

中国
日本
琉球
600
700
800
900
1000
1100
1200
1300
1400
1500
1600
1700
1800
1900
2000
隋（581-618）
唐（618-907）
五代十国（907-960）
宋（960-1279）
元（1271-1368）
明（1368-1644）
清（1636-1912）
中華民国（1912-1949）
中華人民共和国（1949-現在）
飛鳥時代（6世紀末-710）
奈良時代（710-794）
平安時代（794-1185）
鎌倉時代（1185-1333）
南北朝時代（1336-1392）
室町時代（1336-1573）
戦国時代（1467頃-1573頃）
安土桃山時代（1568-1603）
江戸時代（1603-1867）
明治（1868-1912）
大正（1912-1926）
昭和（1926-1989）
平成（1989-現在）
貝塚時代（新石器時代）
グスク時代（12世紀-15世紀）
三山時代（14世紀-1429）
第一尚氏王朝（1406-1469）
●1609　島津侵入
第二尚氏王朝（1470-1879）
沖縄県（1879　琉球処分）
アメリカ統治（1945-1972）
日本復帰（1972-現在）

▶琉球簡易年表

【日】…日本でのできごと　【世】…世界でのできごと

1187	舜天即位
1192	【日】源頼朝、鎌倉幕府開く
1260	英祖即位
1338	【日】足利尊氏、室町幕府開く
1350	察度王統　はじまる
1392頃	閩人三十六姓来琉
1396	武寧、中山王に
1406	佐敷按司・尚巴志、中山王・武寧を滅ぼす
	尚思紹が中山王に即位し、第一尚氏王統はじまる
1416	尚巴志、北山王を滅ぼす
1422	尚巴志、中山王に即位する
1427	国相・懐機、首里城の整備と龍潭を造営
1429	尚巴志、南山王を滅ぼし、三山を統一
1453	志魯・布里の乱で首里城焼失
1458	護佐丸・阿麻和利の乱
1459	金丸、御物城御鎖之側職に就任
1466	尚徳、喜界島に遠征
1469	尚徳死去
1470	金丸が尚円と称し、第二尚氏王統はじまる
1477	尚宣威が即位するが、６ヶ月で退任。尚真、即位
1492	円覚寺建立
	【世】コロンブス、アメリカ大陸発見
1501	玉陵造営
1527	尚清、即位
1531	『おもろさうし』第１巻編集
1560	【日】桶狭間の戦い
1585	【日】豊臣秀吉、関白に
1600	【日】関ヶ原の戦い
1609	島津侵入
1620	尚寧、死去
1621	弁財天堂を造営
1650	『中山世鑑』（羽地朝秀著）編纂
1713	『琉球国由来記』編纂
1725	『中山世譜』（蔡温著）編纂
1731	『琉球国旧記』編纂
1745	『球陽』編纂
1776	【世】アメリカ独立宣言
1789	【世】フランス革命
1846	ベッテルハイム来琉
1853	ペリー来琉
1854	ボード事件
1867	【日】大政奉還
1871	【日】廃藩置県
1872	琉球藩設置
1877	【日】西南戦争
1879	琉球処分。明治政府、沖縄県を設置
2000	「琉球王国のグスク及び関連遺産群」が世界遺産に登録

▶琉球王一覧

王名	生年	在位	備考
舜天王統　【3代73年間】			
1 舜天《しゅんてん》	1166	1187-1237	大里按司の妹と源為朝の子
2 舜馬順熙《しゅんばじゅんき》	1185	1238-1248	
3 義本《ぎほん》	1206	1249-1259	
英祖王統　【5代90年間】			
1 英祖《えいそ》	1229	1260-1299	テダコ(太陽の子)
2 大成《たいせい》	1247	1300-1308	
3 英慈《えいじ》	1268	1309-1313	
4 玉城《たまぐすく》	1296	1314-1336	
5 西威《せいい》	1328	1337-1349	玉城王側室の子
察度王統　【2代56年間】			
1 察度《さっと》	1321	1350-1395	天女の子、父は奥間大親
2 武寧《ぶねい》	1356	1396-1405	察度の長男
第一尚氏王統　【7代64年間】			
1 尚思紹《しょうししょう》	1354	1406-1421	佐銘川大主の長男
2 尚巴志《しょうはし》	1372	1422-1439	尚思紹の長男
3 尚忠《しょうちゅう》	1391	1440-1444	尚巴志の2男
4 尚思達《しょうしたつ》	1408	1445-1449	尚忠の長男
5 尚金福《しょうきんぷく》	1398	1450-1453	尚巴志の5男
6 尚泰久《しょうたいきゅう》	1415	1454-1460	尚巴志の7男
7 尚徳《しょうとく》	1441	1461-1469	尚泰久の3男
第二尚氏王統　【19代410年間】			
1 尚円《しょうえん》	1415	1470-1476	尚稷(追称)の長男
2 尚宣威《しょうせんい》	1430	1476-1477	尚円の弟、1477年8月死去
3 尚真《しょうしん》	1465	1477-1526	尚円の長男、尚真の長男は尚維衡
4 尚清《しょうせい》	1497	1527-1555	尚真の5男
5 尚元《しょうげん》	1528	1556-1572	尚清の2男
6 尚永《しょうえい》	1559	1573-1588	尚元の2男
7 尚寧《しょうねい》	1564	1589-1620	尚維衡の曾孫
8 尚豊《しょうほう》	1590	1621-1640	尚久(尚元の3男)の4男
9 尚賢《しょうけん》	1625	1641-1647	尚豊の3男
10 尚質《しょうしつ》	1629	1648-1668	尚豊の4男
11 尚貞《しょうてい》	1645	1669-1709	尚質の長男
12 尚益《しょうえき》	1678	1710-1712	尚純(尚貞の長男)の長男
13 尚敬《しょうけい》	1700	1713-1751	尚益の長男
14 尚穆《しょうぼく》	1739	1752-1794	尚敬の長男
15 尚温《しょうおん》	1784	1795-1802	尚哲(尚穆の長男)の2男
16 尚成《しょうせい》	1800	1803/3-同/12	尚温の長男
17 尚灝《しょうこう》	1787	1804-1834	尚哲(尚穆の長男)の4男
18 尚育《しょういく》	1813	1835-1847	尚灝の長男
19 尚泰《しょうたい》	1843	1848-1879/3	尚育の2男

▶王統系図

『王代記』などを基に作成　作成者：おおき・ゆうこう

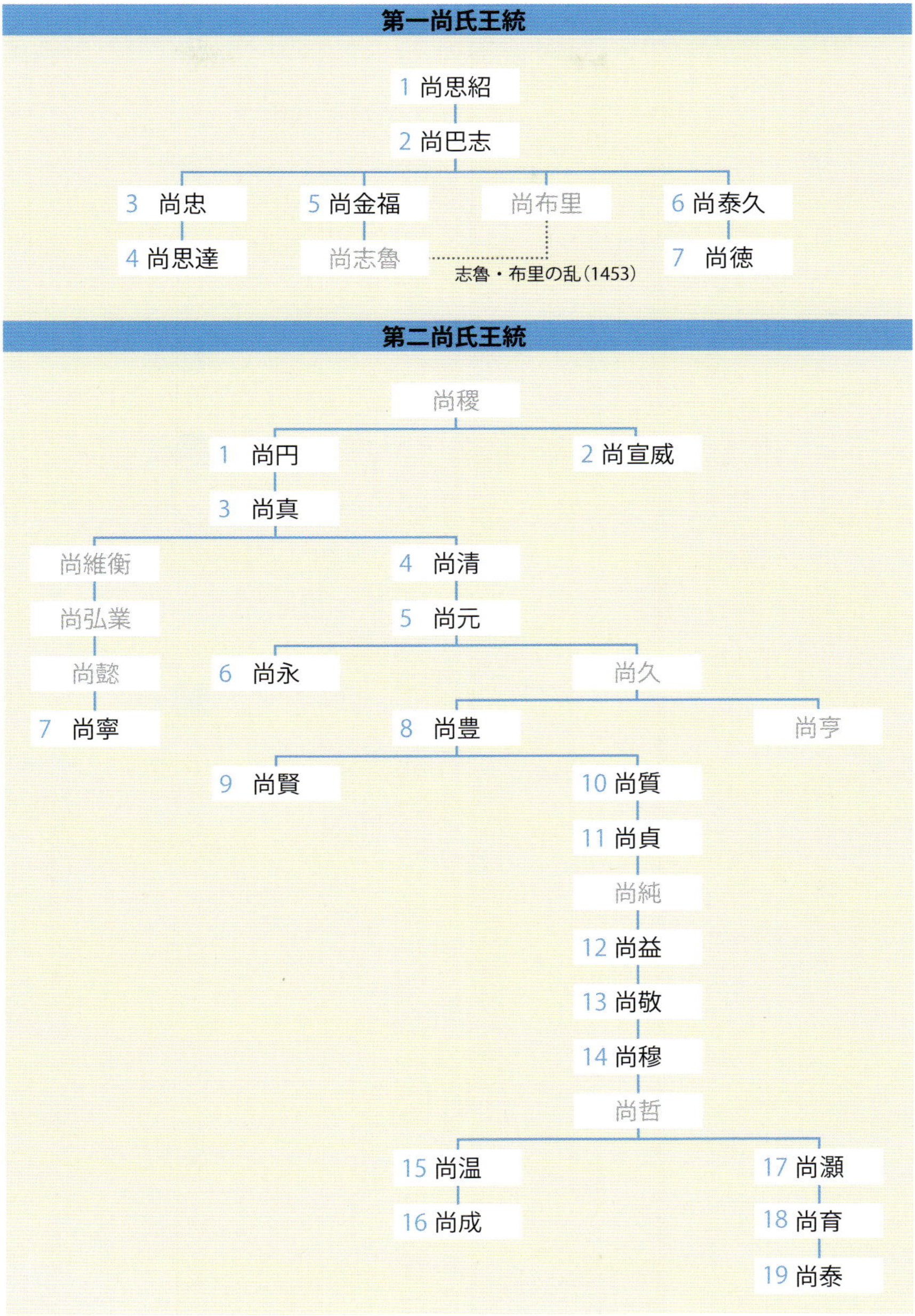

伊平屋村
伊平屋島
逆田
尚円王生誕地跡 P.78
是名村
伊是名島
今帰仁グスク P.28-29,48-49,50
今帰仁の金比屋武 P.10
P.34 運天港
羽地内海 P.61
505
本部町
今帰仁村
古宇利島
屋我地島
多野岳
385
449
名護湾
名護市
許田IC
宜野座村
329
大浦湾
331
辺野古崎
天仁屋崎
岳
363
縄自動車道
金武IC
金武町
宜野座IC
金武岬
金武湾
P.9 金剛石林山
辺戸岬
辺戸の安須森 P.8
与論島
58
赤丸岬
与那覇岳
503
国頭村
大宜味村
東村
伊計島
宮城島
平安座島
勝連グスク P.68-69
うるま市
浜比嘉島
藪地島
浮原島
太平洋
カンナ崎
津堅島
6 クボウ御嶽
カベール岬 P.22-23
久高島
伊敷浜
Map Design: ジェイ・マップ
上海
杭州
中華人民共和国
福州
台北
台湾
高雄
東シナ海
鹿児島
種子島
屋久島
奄美大島
南西諸島
沖縄島
那覇
宮古島
西表島
石垣島
太平洋
N
0
400km

沖縄島全図

東シナ海
伊江島
伊江村
P.112-113守礼門
P.86,96園比屋武御嶽石門
P.93歓会門
P.93久慶門
P.63瑞泉門
P.93,96継世門
P.82-83首里城正殿
P.17首里森御嶽
P.63龍潭
P.94-95弁財天堂
P.90-91円覚寺
首里城公園
P.71天山陵
P.92玉陵
P.104-105識名園
P.76-77崇元寺石門
P.36-37浦添ようどれ
P.71佐敷森
P.64座喜味グスク
P.33安慶名グスク
残波岬
恩納村
石川IC
読谷村
沖縄北IC
嘉手納町
沖縄南IC
沖縄市
北谷町
北中城村
北中城IC
中グスク
宜野湾市
西原IC
中城村
浦添市
西原町
西原JCT
内間御殿 P.79
大里グスク P.60
那覇市
那覇IC
与那原町
南風原北IC
場天御嶽 P.87
佐敷上グスク
P.56-57,87
斎場
P.11,8
88,97
那覇空港
ゆいレール
南風原町
那覇空港自動車道
南風原南IC
豊見城市
南城市
知念
知念グスク P.10
知念大川 P.88
玉泉洞
P.45南山グスク
嘉手志川 P.60
八重瀬町
ヤハラヅカサ P.4-5,6
浜川御嶽 P.7,89
受水走水 P.39,89
ミントングスク P.7
糸満市
ひめゆりの塔
平和祈念公園
玉城グスク P.14-15,89
藪薩の浦原 P.13
具志川グスク P.30-31
平和之塔
喜屋武岬
糸数グスク P.45

ブックデザイン≫鈴木恵美
地図製作（p.126-127）≫ジェイ・マップ
千代紙（p.24-27、p.51-55、p.72-75、p.98-103、p.114-120）≫和染工芸（協力：ゆしまの小林）

とんぼの本

沖縄《おきなわ》　琉球王国《りゅうきゅうおうこく》ぶらぶらぁ散歩《さんぽ》

発行　2009年 3月25日
2刷　2015年11月15日

著者　おおき・ゆうこう　田名真之《だなまさゆき》
発行者　佐藤隆信
発行所　株式会社新潮社
住所　〒162-8711 東京都新宿区矢来町71
電話　編集部 03-3266-5611
　　　読者係 03-3266-5111
　　　http://www.shinchosha.co.jp
印刷所　錦明印刷株式会社
製本所　加藤製本株式会社

ISBN978-4-10-602185-5 C0326